D1926153

Käsekuchen

Käsekuchen

Feine Rezepte für Süßes und Pikantes

WELTBILD

Genehmigte Lizenzausgabe für Verlagsgruppe Weltbild GmbH, Steinerne Furt, 86167 Augsburg
Copyright © 2000 by BuchVerlag für die Frau GmbH, Leipzig
Text: Carola Ruff
Fotos: Uwe Hämsch, Ketchum GmbH, München, The Food Professionals, Brigitte Weibrecht
Umschlaggestaltung: Atelier Seidel, Neuötting
Gesamtherstellung: aprinta Druck GmbH & Co. KG, Senefelderstraße 3–11, 86650 Wemding

Printed in Germany

ISBN 3-8289-1148-X

2006 2005 2004 2003
Die letzte Jahreszahl gibt die aktuelle Lizenzausgabe an.

Alle Rechte vorbehalten.

Einkaufen im Internet: *www.weltbild.de*

Inhalt

Vorwort

Jeder kennt ihn. Viele lieben ihn: den Quark- oder Käsekuchen. Schwärmen von der cremig lockeren, säuerlich-süßen Füllung. Mögen ihn mit knusprigen Streuseln oder unter leichter Eiercreme oder in seiner üppigsten Ausstattung als festliche Torte. Ein Lieblingskuchen also. Das aber ist der Quark- oder Käsekuchen in der ganzen Welt. In dieses Buch wurden Rezepte aus vielen Ländern aufgenommen, traditionelle, regional bewährte ebenso wie ganz neue und originelle. In allen erweist sich der Quark als idealer Partner für viele Zutaten. So mögen die Spanier ihren Käsekuchen mit Aprikosen und Mandeln belegt, in Finnland wird zu ihm gern Brombeersahne gereicht, aus Friesland kommt der deftige Doppelte Käsestreusel und aus den USA die Nusstorte „Philadelphia". Die Schwaben haben ihren altdeutschen Käsekuchen zu dieser Sammlung beigesteuert, die Dresdner die legendäre Eierschecke; den Bayern verdanken wir den Millirahmstrudel und den Schwarzwäldern mehr als die allseits beliebte Kirschtorte, nämlich eine nicht minder verheißungsvolle mit Quark. Und wie sich in den Rezepten zeigt, gehen auch Kiwis und Birnen, Grapefruits und Weintrauben, Mandarinen, Himbeeren, Äpfel und Pflaumen mit Quark ganz köstliche Verbindungen ein. Quark eignet sich sowohl als Kuchenbelag, der von Anfang an mitgebacken wird, als auch für leichte und lockere Cremes, mit denen der vorgebackene Teigboden dann zur Torte avanciert.

Seine überaus große Beliebtheit verdankt der Käsekuchen natürlich seinem Wohlgeschmack. Zum anderen ist er eine der wenigen Naschereien, die gleichzeitig mit den vielen Argumenten der gesunden Ernährung für sich werben können. So versprechen Milch, süßer Quark, frischer Käse, fruchtiger Joghurt und köstliche Sahne Genuss und Wohlergehen in einem. Weder zu sehen noch zu schmecken sind die vielen Vitamine und Mineralstoffe in allen Milchprodukten. Selbst ein opulenter Käsekuchen enthält sie noch in so hoher Zahl, dass Backen und Essen für jeden zur Pflicht werden müsste! Denn wer Quark isst, führt seinem Körper Vitamin A zu, verschiedene B-Vitamine, dazu die Vitamine C, D, E, F, H und K, ebenso Folsäure, Nicotinsäuremilch und Pantothensäure, aber auch Spurenelemente wie Eisen und Kupfer, Jod, Zink Mangan und Fluor, um nur einige zu nennen.

Der göttliche Genuss

Ein Blick in die Kulturgeschichte von Quark und Käse. Die Erfindung des Quarks gelang ganz offensichtlich schon in der Menschheitskindheit. Immerhin leben seit mehr als 2000 Generationen Mensch und Tier in enger, zunächst einander nutzbringender, später auch problematisch werdender Nachbarschaft. Wildtiere wurden gezähmt, sobald die ersten Stämme sesshaft waren; sie entwickelten sich zu unentbehrlichen Haustieren.
Dabei gewannen die Produkte, die sie lebend spendeten, immer mehr an Bedeutung: Milch, Eier, Wolle ...
Dass die leicht verderbliche Milch bei einer fachgerechten Säuerung zur Delikatesse wird, dass sie sich zu Sauerrahm, Quark und mannigfaltigen Käsesorten verarbeiten lässt, ist eine frühe Erfahrung. Erkennbar wird an den vielen, heute noch erhaltenen und in jedem Fall regional eingefärbten Namen, dass man diese Speisen überall seit langem kennt. So heißt der Quark im alemannischen Raum zwischen Freiburg und Basel „Bippeles-Käse“, in Südwürttemberg und Baden dagegen sprachverwandt „Luckeles-Käse“. In einigen Gegenden Deutschlands ist das archaische Wort „Glumse“ geläufig. Gelegentlich wird er auch „Weißkäse“ genannt. In G. H. Zinskens Lexikon von 1780 kommt die uralte Bezeichnung „Steiffmatz“ vor, und in Österreich heißt er „Topfen“. Homer beschrieb in der „Odyssee“, wie damals Käse bereitet wurde. Die irrfahrenden Seeleute beobachteten auf der Zyklopeninsel den mächtigen Hausherrn dabei: Er nahm von der „weißen Milch die Hälfte“, säuerte sie, drückte sie aus und legte sie in fest geflochtene Körbe. Von diesen Körben leitet sich in vielen europäischen Sprachen das Wort Käse ab. Die Griechen nannten diese Körbe „formos“, die Römer gaben schon ihrem Käse den Namen „forma“, aus dem im Altfranzösischen „formage“ wurde. Heute heißt er in Frankreich bekanntlich „fromage“; und „fromage blanc“ der fürs Backen so begehrte Quark.
Allerdings sind die erhaltenen literarischen Belege spärlich. Zum ersten Mal werden – laut der vorhandenen Quellen – Speisequark und Käsekuchen etwa um 60 n. Chr. erwähnt. Der bedeutendste Ackerbauschriftsteller des Altertums, Junius Moderatus Columella, beschreibt beide in seinem 12-bändigen Werk „De re rustica“; dort gibt er außerdem ein umfassendes Bild über das Wissen seiner Zeit vom Landbau. Aber auch Pinius der Ältere, Apuleius und Hippokrates berichten unter vielem anderen von der vielseitigen Verwendung und Heilwirkung des Quarks oder Käses.

Auch ins Reich der Legende gelangte der Quark. Wer ihn aß, bekam angeblich Riesenkräfte. So musste er natürlich eine Speise der Riesen und der Götter sein. Außer den Zyklopen kannten – meint Homer – auch die Bewohner des Olymp das Geheimnis der Milchsäuerung. Aphrodite soll, so beschreibt es die „Odyssee", die Götterkinder mit „Käse, süßem Rotwein und köstlichem Honig" gefüttert haben.
Verbürgt aber ist, dass Milch schon 4000 v. Chr. als Rezeptgrundlage diente; aus ihr wurde in Ägypten und in Indien ganz zielgerichtet Butter und Käse hergestellt. 1000 Jahre n. Chr. sind bereits mehrere verschiedene Käsesorten allgemein bekannt ...
Da Milch, Quark, Käse köstlich schmecken und gleichzeitig sehr gesund sind, wurden im Laufe der Jahrhunderte immer neue Rezepturen und viele technische Neuerungen bei ihrer Herstellung erprobt. So machte 1853 ein amerikanischer Geschäftsmann die Welt um die gezuckerte Kondensmilch reicher. 1907 gab es in Deutschland den ersten Joghurt. 1911 gelang in der Schweiz die Erfindung des „Schmelzkäses" und danach ging es immer weiter, Schlag auf Schlag, Käse auf Käse, Milchshake auf Milchshake.

Heute werden ständig neue und leckere Milchprodukte auf den Markt gebracht. Viel Anerkennung fand so der Doppelrahm-Frischkäse; er wird aus Vollmilch mit Rahmzusatz hergestellt. Der Cream Cheese aus den USA ist noch etwas weicher und puddingartiger. Der Joghurt, eine Sauermilch, kam aus Ländern mit warmem Klima zu uns. Dort entstand er einst auf natürliche Art durch Spontansäuerung. Bei uns müssen der Milch verschiedene Sorten von speziellen Bakterien zugesetzt werden. Das gilt auch für den Kefir.
Ganz neu in unseren Küchen ist der Mascarpone aus Italien. Es handelt sich bei ihm um einen quarkartigen Weichkäse aus der Lombardei und aus Mailand. Er wird aus 25%- bis 30%igem Rahm hergestellt. Man verwendet ihn wie Crème fraîche, die eine weitere, köstliche Variante des Sauerrahms darstellt. Die Krönung jeden Kuchens ist die Sahne, die auch Rahm, Schmand oder Schmant, Flotte oder Schlagobers heißt. Es gibt sie in vielerlei Variationen, zum Selberschlagen oder – für Eilige – gleich sprühfertig aus der Dose.
Milch, Quark, Käse, Sahne und ihre vielen heutigen Verwandten haben im Lauf der Jahrhunderte nichts von ihrer Beliebtheit verloren.

Andalusischer Käsekuchen

mit Aprikosen und Mandeln

Teig:
500g Weizen-Vollkornmehl,
1 Würfel Hefe,
200 ml Milch,
50 g Zucker, 2 Eier,
1 Prise Salz,
60 g Butter oder Margarine
Belag:
1,5 kg frische Aprikosen,
500 g Doppelrahm-
frischkäse, 1 Ei,
70 g Zucker, 8 EL süßer
Weißwein, 150 g ganze,
geschälte Mandeln
Glasur:
8 EL Aprikosenkonfitüre,
2 EL Weißwein
Backgerät:
Backblech, 1 TL Margarine
zum Einfetten,
3 EL Semmelbrösel

- Das Mehl in eine Schüssel geben, in die Mitte eine Vertiefung drücken. Hefe mit der lauwarmen Milch und 1 EL Zucker verrühren und in die Vertiefung gießen. Etwas Mehl vom Rand darüber stäuben. Schüssel mit einem Küchentuch zudecken und an einem warmen Ort etwa 20 Minuten gehen lassen.

- Jetzt den restlichen Zucker, Eier und Salz zugeben. Kneten. Dann die weiche Butter oder Margarine hinzufügen und alles gut durchkneten. Nochmals mit dem Tuch abdecken und an einem warmen Ort 1 Stunde gehen lassen. Danach erneut kräftig durchkneten. Der Teig muss sich von der Schüssel lösen und Blasen schlagen. Bei der Verwendung von Trockenhefe nach der entsprechenden Anleitung verfahren.

- Backblech fetten, mit Semmelbröseln bestreuen und mit dem ausgerollten Teig belegen. Aprikosen waschen, abtrocknen, halbieren und entsteinen.

- Den Backofen auf 200 °C vorheizen.

- Frischkäse mit Ei, Zucker und Weißwein glatt rühren. Käsecreme auf den Teig streichen. Aprikosen mit der Öffnung nach oben dicht nebeneinander in die Käsecreme setzen. In jede Aprikosenhälfte eine ganze Mandel legen.

- Nochmals 10 Minuten gehen lassen. Backen. Konfitüre mit Weißwein verrühren und den noch warmen Kuchen damit bestreichen.

- Backzeit: 50 Minuten
  Backhitze: 200 °C

Schwarzwälder Quarktorte

Teig:
300 g Mehl, 1 Würfel Hefe,
6 EL Milch, 3 EL Zucker,
2 Päckchen Vanillezucker,
1 Prise Salz, 2 EL gemahlene Mandeln, 50 g Butter
oder Margarine
Belag:
1 kg Magerquark,
150 g Zucker, 1 Päckchen
Vanillezucker, 150 g Butter
oder Margarine, 2 Eigelb,
1 EL Kirschwasser,
1 kg frische, entkernte,
abgetropfte Sauerkirschen,
500 g frische, entkernte
schwarze Süßkirschen,
2 Eiweiß,
100 g Speisestärke
Zum Bestreuen:
50 g grober Zucker,
1 TL Zimt
Backgerät:
Springform, 1 TL Margarine
zum Einfetten

- Das Mehl in eine Schüssel geben, in die Mitte eine Vertiefung drücken. Hefe mit der lauwarmen Milch und 1 EL Zucker verrühren und in die Vertiefung gießen. Etwas Mehl vom Rand darüber stäuben, Schüssel mit einem Küchentuch zudecken und an einem warmen Ort etwa 20 Minuten gehen lassen.

- Jetzt den restlichen Zucker, Vanillezucker, Salz und die gemahlenen Mandeln zugeben. Kneten. Dann die weiche Butter oder Margarine hinzufügen und alles gut durchkneten. Nochmals mit dem Tuch abdecken und an einem warmen Ort 1 Stunde gehen lassen.

- Danach erneut kräftig durchkneten. Der Teig muss sich von der Schüssel lösen und Blasen schlagen. Bei der Verwendung von Trockenhefe nach der entsprechenden Anleitung verfahren.

- Die Springform einfetten. Den Teig ausrollen und in die Form geben, Rand hochziehen und nochmals gehen lassen.

- Backofen auf 160 °C vorheizen.

- Quark, Zucker, Vanillezucker, Butter oder Margarine, Eigelb und Kirschwasser miteinander verrühren. Die abgetropften Kirschen unterheben. Das Eiweiß steif schlagen, die Speisestärke darüber sieben. Vorsichtig unter die Quarkmasse heben. Den Quark auf dem Teigboden gleichmäßig verteilen, glatt streichen und backen. Den noch warmen Kuchen mit Zucker und Zimt bestreuen.

- Backzeit: 60 Minuten
  Backhitze: 160 °C

Elmauer Schlosspastete

Teig:
250 g Mehl, 1 Prise Salz,
4 EL Zucker, 150 g Butter
oder Margarine,
1 EL kaltes Wasser
Füllung:
500 g Magerquark, 4 Eier,
125 ml Sahne, 3 EL Mehl,
3 EL Speisestärke,
5 EL Zucker, 500 g tiefge-
kühlte Himbeeren,
3 EL gemahlene Mandeln
Backgerät:
Auflaufform,
1 TL Margarine zum
Einfetten

- Alle Zutaten rasch miteinander verkneten. Eine gefettete Auflaufform damit auslegen, einen hohen Rand andrücken und mit der Gabel mehrmals in den Teigboden einstechen. Kalt stellen.

- Für die Füllung den Quark mit Eiern, Sahne, dem gesiebten Mehl, der ebenfalls gesiebten Speisestärke und dem Zucker gut verrühren.

- Den Backofen vorheizen.

- Die tiefgefrorenen Himbeeren kurz mit kaltem Wasser abspülen, so dass die Beeren nicht mehr im Block sind, sondern einzeln angefasst werden können. Bis zum Gebrauch zurück ins Tiefkühlfach stellen.

- Den Teigboden mit den Mandeln bestreuen. Dann die Quarkmasse einfüllen, glatt streichen und dicht an dicht mit den noch gefrorenen Himbeeren besetzen. Backen.

- Warm oder etwas abgekühlt mit leicht zerlaufenem Vanilleeis servieren.

- Backzeit: 60 Minuten
  Backhitze: 180 °C

Schwedischer Kirmeskuchen

Teig:
500 g Mehl, 1/4 l Milch,
1 Würfel Hefe, 75 g Zucker,
1 TL Salz, 75 g Butter oder
Margarine
Belag:
500 g Quark (20 % F. i. Tr.),
3 Eigelb, 150 g Zucker,
50 g Butter oder Margarine,
1 EL Mehl, 4 EL Rosinen
Streusel:
75 g Mehl, 75 g Butter oder
Margarine, 75 g Zucker,
1 TL Zimt
Backgerät:
Backblech, 1 TL Margarine
zum Einfetten

- Das Mehl in eine Schüssel geben, in die Mitte eine Vertiefung drücken. Hefe mit der lauwarmen Milch und 1 EL Zucker verrühren und in die Vertiefung gießen. Etwas Mehl vom Rand darüber stäuben. Schüssel mit einem Küchentuch zudecken und an einem warmen Ort etwa 20 Minuten gehen lassen.

- Jetzt den restlichen Zucker und das Salz zugeben. Kneten. Dann die weiche Butter oder Margarine hinzufügen und alles gut durchkneten. Nochmals mit dem Tuch abdecken und an einem warmen Ort 1 Stunde gehen lassen.

- Danach erneut kräftig kneten. Der Teig muss sich von der Schüssel lösen und Blasen schlagen. Bei der Verwendung von Trockenhefe genau nach Anleitung verfahren.

- Den Teig ausrollen und das gefettete Backblech damit belegen. Am Rand etwas hochziehen und nochmals gehen lassen.

- Den Backofen vorheizen.

- Quark mit Eigelb, Zucker und Butter oder Margarine schaumig rühren. Auf dem Teig verstreichen.

- Rosinen waschen, abtrocknen, leicht mit Mehl einstäuben und auf der Quarkmasse verteilen.

- Streuselzutaten miteinander verkneten und zwischen den Händen über der Quarkmasse verkrümeln. Backen.

- Backzeit: 60 Minuten
  Backhitze: 160 °C

Friesischer Doppelter Käsestreusel

Streusel:
350 g Mehl, 1/2 Päckchen
Backpulver, 150 g Zucker,
1 Päckchen Vanillezucker,
175 g Butter oder
Margarine,
4 EL Zitronensaft
Füllung:
125 g Butter oder
Margarine, 250 g Zucker,
1 Päckchen Vanillezucker,
5 Eigelb, 1 EL Grieß,
750 g Quark (20 % F. i. Tr.),
5 Eiweiß
Backgerät:
Springform, 1 TL Margarine
zum Einfetten

- Alle Streuselzutaten rasch miteinander zu einem festen Teigkloß verkneten. Den Teig halbieren.

- Eine Hälfte mit den Fingern zu Streuseln zerbröseln, gleichmäßig in die gefettete Springform krümeln und etwas andrücken.

- Die Butter oder Margarine mit Zucker, Vanillezucker, Eigelb und Grieß schaumig rühren. Den Quark dazugeben.

- Zuletzt die Eiweiße steif schlagen und vorsichtig unterheben.

- Diese Quarkmasse auf die Streusel füllen und glatt streichen. Den restlichen Teig über der Quarkmasse zu Streuseln zerbröseln und gleichmäßig auf dem Quark verteilen. Backen.

- Backzeit: 60 Minuten
  Backhitze: 180 °C

Schnelle Himbeer-Quarktorte

Teig
3-teiliger Biskuit-Tortenboden
Füllung:
300 g Himbeeren (frische
oder aus der Gefriertruhe),
700 g Sahnequark,
Saft von 2 Zitronen,
Abrieb einer Zitrone,
200 g Zucker, 1/4 l Sahne,
1 Päckchen Vanillezucker,
13 Blatt Gelatine
(10 weiße, 3 rote),
3 TL Himbeergeist

- Himbeeren pürieren, Quark, Zitronensaft und den Abrieb der Zitrone, Zucker und Vanillezucker geschmeidig rühren.

- Die Gelatine nach Vorschrift auflösen und unter den Quark ziehen.

- Die steif geschlagene Sahne unter die Quarkmasse rühren.

- Tortenböden mit Himbeergeist beträufeln und mit der Himbeerquarkmasse bestreichen.

- Den Rest der Mischung auf der Torte verteilen. Mit Beeren garnieren.

Quarksahnetorte mit Früchten

Teig:
200 g Mehl, 100 g Butter
oder Margarine,
60 g Zucker, 1 Ei,
1 TL Backpulver,
evtl. 1EL Milch
Füllung:
500 g Quark, 150 g Zucker,
3 Eigelb,
Saft von 2 Zitronen,
6 Blatt Gelatine,
1/4 l Schlagsahne,
1/2 Glas Konfitüre, 500 g gut
abgetropfte Konserven-
früchte, am besten
Sauerkirschen, Aprikosen
oder Pfirsiche
Zum Verfeinern:
ein Päckchen Tortenguss rot
oder klar, je nach Art der
verwendeten Früchte,
2 EL Zucker, 1/4 l Wasser
Backgerät
Springform, Backpapier,
Rührgerät dazu: 1 TL
Margarine zum Einfetten

- Aus Mehl, Butter oder Margarine, Zucker, Ei und Backpulver einen nicht zu festen Mürbeteig kneten.
Eventuell 1 EL Milch zufügen. Den Teig zu einer Kugel formen, in Folie einschlagen und 30 Minuten im Kühlschrank ruhen lassen.

- Dann ausrollen, den Boden einer gefetteten Springform damit belegen und backen. Auskühlen lassen.

- Für die Quarksahne den Quark mit Zucker, Eigelb und Zitronensaft verrühren. Die Gelatine auflösen und heiß unter die Quarkmasse rühren. Kühl stellen, bis die Masse zu gelieren beginnt.

- Dann die Sahne steif schlagen und unter den Quark ziehen.

- Den Tortenboden auf eine Platte legen und den Springformrand wieder darumlegen. Den Boden dünn mit Konfitüre bestreichen und die Früchte darauf legen.

- Darüber die Quark-Sahne-Creme-Fülle und gut glatt streichen.

- Mindestens 6 Stunden im Kühlschrank gut durchkühlen lassen, am besten über Nacht. Die Torte mit Tortenguss – passend zu den Früchten – überglänzen.

- Vor dem Servieren vorsichtig aus der Form lösen (den Rand mit einem spitzen, langen Messer umfahren).

- Backzeit: 40 Minuten
Backhitze: 200 °C

- Kühlzeit: mindestens 6 Stunden, am besten über Nacht.

Bühler Zwetschgen-Käsekuchen

Teig:
250 g Mehl, 1 Msp. Backpulver, 1 Prise Salz, 125 g Butter, 100 g Zucker, 5 EL Wasser

Belag:
500 g Magerquark, 100 g Zucker, 1 Päckchen Puddingpulver Mandelgeschmack, 3 Eigelb, 250 ml Sahne, 3 Eiweiß, 500 g Zwetschgen (blaue Hauspflaumen), 3 EL Semmelbrösel, 3 EL gemahlene Mandeln, 1 EL Puderzucker

Backgerät:
Springform, 1 TL Margarine zum Einfetten

- Alle Teigzutaten rasch miteinander verkneten.

- Dafür das Mehl mit Backpulver und Salz mischen. Danach die kalte Butter zügig unterarbeiten, Zucker und Wasser zufügen, gründlich miteinander verkneten.

- Den Teig ausrollen und eine gefettete Springform damit auslegen. Einen möglichst hohen Rand andrücken. Mit einer Gabel mehrmals den Boden einstechen. Kühl stellen.

- Den Backofen vorheizen. Den Teigboden 10 Minuten vorbacken, auskühlen lassen. Den Quark mit etwa der Hälfte des Zuckers, dem Puddingpulver und den Eigelb verrühren.

- Sahne mit einem Teil des restlichen Zuckers steif schlagen und vorsichtig unterheben. Kalt stellen.

- Die Eiweiße mit dem letzten Rest Zucker steif schlagen und ebenfalls vorsichtig unterheben. Wieder kalt stellen.

- Die Zwetschgen waschen, abtrocknen, halbieren und entkernen. Anschließend die Quarkmasse auf den abgekühlten Boden streichen.

- Die Zwetschgen mit der Wölbung nach unten auf den Quark legen. Mandeln mit Semmelbröseln mischen und über die Zwetschgen verteilen. Auf der untersten Einschubleiste backen. Abkühlen lassen. Vor dem Servieren dick mit Puderzucker bestreuen.

- Backzeit: 10 Minuten vorbacken und 60 Minuten fertig backen.
Backhitze: 180 °C

Stachelbeer-Käsekuchen

Teig:
150 g weiche Butter oder Margarine, 6 Eigelb, 250 g Zucker, Saft einer Zitrone, 750 g gut abgetropfter Magerquark, 80 g Weizengrieß, 2 TL Backpulver, 6 Eiweiß, 50 g Zucker

Füllung:
300 g rote und 300 g grüne Stachelbeeren, 3 EL Puderzucker zum Bestäuben

Backgerät:
Springform
1 TL Margarine zum Einfetten

- Butter oder Margarine mit Eigelb und Zucker schaumig rühren. Zitronensaft und Quark dazugeben.

- Grieß mit Backpulver mischen und unter die Quarkmasse rühren. Eiweiß mit Zucker steif schlagen und vorsichtig unterziehen. In eine gefettete Springform füllen, glatt streichen und 30 Minuten vorbacken.

- Die Stachelbeeren waschen, abtrocknen, eventuell vorsichtig die „Stöpsel" (Fruchtstände) abschneiden, dabei aber nicht die Frucht verletzen, sonst laufen die Stachelbeeren aus. Dann wird die Masse zu saftig und der Quark nicht fest.

- Die Stachelbeeren auf den Quark füllen, leicht eindrücken und wieder backen. In der Form abkühlen lassen.

- Vor dem Servieren mit Puderzucker bestäuben.

- Backzeit: 30 Minuten vorbacken, 30 Minuten fertig backen.
Backhitze: 175 °C

Kibbuz-Kiwi-Kuchen

Teig:
200 g Mehl, 1 Msp.
Backpulver, 1 Prise Salz,
125 g Butter oder
Margarine, 75 g Zucker,
1 Eigelb
Belag:
8 Blatt weiße Gelatine,
500 g Magerquark,
70 g Zucker, 2 Eigelb,
500 g frische Kiwis,
3 Eiweiß, 250 ml Sahne
Backgerät:
Springform,
1 TL Margarine zum
Einfetten

- Alle Teigzutaten zügig miteinander verkneten. Zuerst das Mehl mit dem Backpulver und dem Salz vermengen, kalte Butter oder Margarine zugeben und rasch mit dem Zucker und dem Eigelb verkneten. Den Teig zu einer Kugel rollen, in eine Folie oder in ein Küchentuch wickeln und etwa eine halbe Stunde kalt stellen.

- Danach auf einer bemehlten Arbeitsplatte ausrollen und die gefettete Form damit auflegen. Keinen Rand ziehen und den Boden mit einer Gabel mehrmals einstechen. Kalt stellen.

- Inzwischen den Backofen vorheizen.

- Den Tortenboden 12–15 Minuten vorbacken und abkühlen lassen.

- Die Gelatine in 3 EL Wasser einweichen. Den Quark mit Zucker und Eigelb glatt rühren. Die Gelatine so lange erhitzen, bis sie sich ganz gelöst hat. Unter die Quarkmasse ziehen. Kalt stellen.

- Kiwis schälen und in dünne Scheiben schneiden. Den Saft abtropfen lassen. Kurz bevor die Quarkmasse zu gelieren beginnt, die Eiweiße steif schlagen und vorsichtig unter den Quark ziehen. Wieder kalt stellen.

- Dann die Sahne steif schlagen und ebenfalls vorsichtig unterheben. Den vollständig abgekühlten Teigboden auf eine Tortenplatte legen, mit einer Schicht abgetropfter Kiwi-Scheiben belegen.

- Dann die Hälfte der schon steifen Quarkmasse auf den Kiwis verteilen. Den Quark glatt streichen und wieder mit Kiwi-Scheiben belegen. Den restlichen Quark vorsichtig über die Kiwi-Scheiben streichen.
  Mit Kiwis phantasievoll verzieren. Die Torte im Kühlschrank völlig fest werden lassen.

- Backzeit: 12–15 Minuten
  Backhitze: 200 °C

Finnische Quarktorte mit Brombeersahne

Teig:
250 g Mehl, 1 Msp.
Backpulver, 1 Prise Salz,
125 g Butter oder
Margarine, 75 g Zucker,
2 EL Rum, 2 EL Milch
Füllung:
4 Eigelb, 250 g Zucker,
1 kg Quark (20 % F. i. Tr.),
125 ml saure Sahne,
60 g Speisestärke,
2 Päckchen Vanillezucker,
Saft einer Zitrone, 4 Eiweiß,
50 g frische Brombeeren
Beilage:
500 g Brombeer-Eis,
100 g frische Brombeeren,
100 ml Sahne, 1 Päckchen
Vanillezucker
Backgerät:
Springform,
1 EL Margarine zum
Einfetten

- Alle Teigzutaten rasch miteinander verkneten. Dafür das Mehl mit Backpulver und Salz mischen. Danach die kalte Butter zügig unterarbeiten, Zucker, Ei und Milch zufügen, gründlich miteinander verkneten.

- Den Teig ausrollen und eine gefettete Springform damit auslegen. Einen möglichst hohen Rand andrücken. Mit einer Gabel mehrmals den Boden einstechen. Kühl stellen.

- Den Backofen vorheizen. Die Eigelbe mit der Hälfte des Zuckers schaumig rühren.

- Quark, saure Sahne, die gesiebte Speisestärke, Zitronensaft und den restlichen Zucker kräftig unterrühren.

- Die Eiweiße steif schlagen und vorsichtig unter die Quarkmasse heben.

- Die Brombeeren auslesen und mit einem feuchten Küchentuch nur leicht abreiben.

- Zuerst die Quarkmasse auf den Teigboden streichen. Dann die Brombeeren auflegen; sie sollen in die Quarkmasse einsinken. Die Kuchenoberfläche glatt streichen.

- Auf der untersten Schiene im vorgeheizten Backofen backen.

- In der Form etwa 15 Minuten abkühlen lassen, dann vorsichtig herausnehmen.

- Inzwischen das Brombeer-Eis aus dem Kühlfach nehmen und etwas schmelzen lassen. Die frischen Brombeeren mit einem Päckchen Vanillezucker bestreuen und etwas ziehen lassen.

- Die Sahne mit dem restlichen Vanillezucker steif schlagen.

- Brombeeren unter das weiche, aber nicht gänzlich geschmolzene Eis ziehen.

- Vorsichtig die steife Schlagsahne unter das Eis mischen und diese kühle Brombeersahne zur noch etwas warmen Quarktorte servieren.

- Backzeit: 75 Minuten
  Backhitze: 175 °C

Amerikanische Mandarinen-Quarktorte

Teig:
100 g Mehl, 6 EL zarte Haferflocken, 1 Prise Salz, 50 g Zucker, 100 g Butter oder Margarine, 1 Ei

Füllung:
2 Eier, 125 g Zucker, Saft einer Zitrone, 500g Quark (20 % F. i. Tr.), 10 Blatt weiße Gelatine, 1 Dose Mandarinen, gut abgetropft, 1/4 l Sahne

Backgerät:
Springform, 1 TL Margarine zum Einfetten

- Mehl, Haferflocken, Salz und Zucker vermengen und mit den restlichen Zutaten rasch verkneten. Eine gefettete Springform mit dem Teig auslegen, einen hohen Rand andrücken. Den Teigboden mehrmals mit einer Gabel einstechen und etwa 20–25 Minuten auf der untersten Einschubleiste vorbacken. In der Form auskühlen lassen.

- Für die Füllung Eier und Zucker schaumig rühren. Zitronensaft und Quark dazugeben. Weiter rühren.

- Die Gelatine in 3 EL Mandarinensaft einweichen, dann erhitzen. Wenn sie sich ganz gelöst hat, unter die Quarkmasse rühren.

- Kurz bevor die Masse fest wird, die gut abgetropften Mandarinen unterheben.

- Einige Mandarinen für die Dekoration vorerst zur Seite stellen.

- Zuletzt die Sahne steif schlagen und unter die Quarkmasse heben.

- Um den Tortenboden nochmals den Springformrand legen, die Quark-Sahne-Mandarinen-Masse einfüllen, glatt streichen und die Torte im Kühlschrank fest werden lassen.

- Erst kurz vor dem Servieren den Rand der Kuchenform entfernen und die Torte mit einigen Mandarinen-Spalten verzieren.

- Backzeit: 20–25 Minuten
  Backhitze: 190 °C

Quark-Johannisbeertorte

Zutaten:
125 g weiches
Butterschmalz, 250 g
Puderzucker, 2 Päckchen
Bourbon-Vanillezucker,
1 Prise Salz, abgeriebene
Schale 1 unbehandelten
Zitrone, 5 Eier,
750 g Magerquark,
250 g Schmand, 2 Päckchen
Vanillepuddingpulver,
250 g Johannisbeeren
Verzierung:
einige Johannisbeeren mit
Rispe, Puderzucker, einige
Stiele Zitronenmelisse

- Weiches Butterschmalz, Puderzucker, Zitronenschale, Vanillezucker und Salz miteinander verrühren. Eier nacheinander unterrühren. Magerquark, Schmand und Vanillepuddingpulver unterrühren.

- Den Teig ca. 1cm dick in eine mit Backpapier ausgelegte Springform geben.

- Die Johannisbeeren waschen, abtropfen lassen, von den Rispen zupfen und auf den Teig geben, einige für die Verzierung beiseite legen.

- Restliche Quarkmasse über die Johannisbeeren in der Springform füllen und glatt streichen.

- Im vorgeheizten Backofen bei 150°C bzw. Gas Stufe 2 ca. zwei Stunden backen. Im Ofen auskühlen lassen.

- Die Torte vorsichtig vom Rand lösen, auf einer Platte mit Johannisbeeren und Zitronenmelisse verzieren. Mit Puderzucker bestäuben.

- Vorbereitungszeit: ca. 20 Minuten

- Zubereitungszeit: 130 Minuten (davon 2 Stunden Backzeit)

Pyrmonter Himbeerkuppeltorte

Mürbeteig:
150 g Mehl, 1 Msp. Backpulver, 1 Prise Salz, 50 g Margarine, 50 g Zucker, 1 Eigelb

Biskuitteig:
3 Eigelb, 100 g Zucker, 1 Prise Salz, 40 g Margarine, 3 Eiweiß, 50 g Mehl, 50 g Speisestärke, 1 Msp. Backpulver

Zum Bestreuen:
1 EL Himbeerkonfitüre

Füllung:
600 g frische oder Tiefkühl-Himbeeren, 500 ml Vollmilchjoghurt, 125 g Zucker, 1 Päckchen Vanillezucker, Saft von einer Limone, 14 Blatt weiße Gelatine, 2 Becher Schlagsahne (400 g)

Zum Garnieren:
2 Becher Schlagsahne (400 g), 2 Päckchen Sahnesteif, 1 EL Zucker, 150 g Himbeeren, Limonenjulienne

- Den Backofen vorheizen. Die Zutaten für den Mürbeteig zügig miteinander verkneten. Dafür das Mehl mit Backpulver und Salz mischen. Danach Margarine, Zucker und Eigelb unterarbeiten. Den Teig ausrollen und eine gefettete Springform damit auslegen. Backen. Auskühlen lassen.

- Für den Biskuitteig Eigelb mit Zucker und Salz dickcremig schlagen. Nach und nach die zerlassene, wieder abgekühlte Margarine unterrühren. Die steif geschlagenen Eiweiße auf die Masse setzen. Mehl, Speisestärke und Backpulver mischen, auf das Eiweiß sieben. Alles vorsichtig unterheben.

- Eine Springform mit Backpapier auslegen, Teig einfüllen und im vorgeheizten Ofen backen.

- Zunächst in der Form leicht abkühlen lassen, dann herauslösen, stürzen und das Backpapier vorsichtig abziehen. Über Nacht ruhen lassen. Am nächsten Tag den Biskuitboden einmal quer durchschneiden. Einen dieser Tortenböden in acht Stücke teilen.

- Den Mürbeteigboden mit Himbeerkonfitüre bestreichen. Den Biskuitboden aufsetzen.

- Für die Füllung 450 g Himbeeren pürieren und durch ein Sieb streichen. Das Himbeermus mit Joghurt, Zucker und Vanillezucker verrühren. Die Limone heiß waschen, mit einem Juliennereißer die Schale abraspeln und beiseite stellen. Den Saft auspressen und an die Himbeer-Joghurt-Masse geben.

- Die Gelatine einweichen, auflösen und gleichmäßig unter die Creme ziehen. Kalt stellen.

- Dann die steif geschlagene Sahne und die restlichen Himbeeren zufügen. Diese Himbeercreme kuppelartig auf den Biskuitboden streichen und mit den acht Biskuit-Tortenstücken abdecken.

- Zum Garnieren die Sahne mit Sahnesteif und Zucker sehr fest schlagen. Die Kuppeltorte damit rundherum bestreichen, mit einem Löffel ein „wolkiges“ Muster eindrücken. Mit Himbeeren und der Limonenschale verzieren. Kalt stellen. Gut gekühlt servieren.

- Mürbeteig
Backzeit: 15 Minuten
Backhitze: 200 °C

- Biskuitteig
Backzeit: 20–25 Minuten
Backhitze: 175 °C

Havannatorte

Teig:
200 g Weizenvollkornmehl,
1 TL Backpulver, 1 Prise
Salz, 75 g brauner
Rohrzucker, 75 g Quark,
3 EL Milch, 3 EL Öl

Belag:
3 Eigelb, 125 g Rohrzucker,
1 Päckchen Vanillezucker,
125 ml Sahne,
1 EL Speisestärke,
2 EL Weizengrieß,
400 g Quark (20 % F. i. Tr.),
3 Eiweiß, 500 g Pfirsiche
(frisch oder aus der
Konserve)

Backgerät:
Springform,
1 TL Margarine zum
Einfetten

- Teigzutaten zügig miteinander verkneten. Dafür das Mehl mit Backpulver und Salz mischen. Danach den Rohrzucker, den Quark, Milch und Öl unterarbeiten. Den Teig ausrollen und eine gefettete Springform damit auslegen. Einen 3 cm hohen Rand andrücken. Mit einer Gabel mehrmals den Boden einstechen. Kühl stellen.

- Für den Belag die Eigelbe mit Rohrzucker und Vanillezucker verrühren, Sahne nach und nach hinzugeben. Die Speisestärke mit dem Grieß mischen und einrühren. Nach und nach Quark dazufügen.

- Den Backofen vorheizen.

- Die Eiweiße steif schlagen und vorsichtig unterheben. Ein Drittel der Quarkmasse auf den Teigboden geben. Die Pfirsiche kurz in heißes Wasser tauchen, falls sie enthäutet werden sollen. Ansonsten waschen, abtrocknen, halbieren und entkernen.

- Konservenpfirsiche gut abtropfen lassen. Mit der Wölbung nach oben in die Quarkmasse drücken. Mit dem restlichen Quark bedecken. Auf der untersten Einschubleiste backen. Abkühlen lassen.

- Backzeit: 70 Minuten
  Backhitze: 180 °C

Käse-Kirschkuchen

Teig:
750 g Magerquark,
125 ml Milch, 2 Eigelb,
2 Päckchen
Vanillepuddingpulver,
1 Päckchen Vanillezucker,
75 g Zucker, Saft einer
Zitrone, 2 Eiweiß,
50 g Zucker
Belag:
500 g süße Kirschen
Backgerät
Springform
1 TL Margarine zum
Einfetten

- Die Kirschen waschen, abtropfen lassen, trockentupfen und entsteinen.

- Den Quark mit Milch, Eigelb, Puddingpulver, Vanillezucker, Zucker und Zitronensaft gut verrühren.

- Die Eiweiße steif schlagen. Den Zucker unterziehen und den Eischnee vorsichtig unter die Quarkmasse heben.

- Diesen Quarkteig in eine gefettete Springform füllen und glatt streichen.

- Den Backofen vorheizen.

- Die Kirschen auf dem Quark verteilen, einsinken lassen, eventuell etwas eindrücken und backen.

- Backzeit: 2 Stunden
  Backhitze: 150 °C

Blau-Weiß-Kuchen

Teig:
225 g Mehl, 1 Prise Salz,
1 Msp. Backpulver,
150 g Butter. 1 EL Zucker,
Eigelb, 2 EL eiskaltes Wasser
Belag
500 g Speisequark (20% F.i.Tr.),
3 EL Zitronensaft, 80 g Zucker,
20 g Speisestärke, 1 Prise Salz,
5 Mandelmakronen, 2 Eier,
750 g Heidelbeeren,
1 EL Puderzucker, 2 Eigelb
Backgerät
Springform,
1 EL Margarine zum Einfetten

- Mehl, Salz und Backpulver mischen, mit Butter, Zucker, Eigelb und Wasser zügig verkneten. Die Form mit dem Teig auslegen, einen hohen Rand ziehen und leicht andrücken. Den Boden mit einer Gabel einstechen und kühl stellen.

- Inzwischen den Quark mit Zitronensaft, Zucker und Speisestärke verrühren. Eier und Eigelb mit dem Salz verquirlen und in den Quark rühren. Die Heidelbeeren verlesen und putzen.

- Den Backofen vorheizen. Die Makronen zerbröseln und auf den Teig streuen. Darauf die Heidelbeeren geben. Zuletzt die Quarkmasse über die Beeren geben und vorsichtig glatt streichen.

- Auf die unterste Einschubleiste stellen und 30 Minuten backen. Dann auf der mittleren Einschubleiste weitere 15 Minuten backen.

- In der Form auskühlen lassen, vorsichtig auf eine Kuchenplatte setzen. Vor dem Servieren mit Puderzucker bestäuben.

Backzeit: 45 Minuten
Backhitze: 225 °C

5 kg
100

Beerentorte „Sunflower“

mit USA-Sonnenblumenkernen

Zutaten: (12 Stücke)
100g USA-Sonnenblumen-
kerne, 4 Eier, 4 EL warmes
Wasser, 100 g feiner Zucker,
1 Prise Salz, 75 g
Weizenmehl (Type 405),
1 gestr. TL Backpulver
Füllung:
3 Eier, 75 g feiner Zucker,
2–3 EL Orangenlikör oder
Himbeergeist,
etwas Zitronensaft,
500 g Mascarpone
Krokant:
3 EL USA-Sonnenblumen-
kerne, etwas Butter/-
Margarine, 1 EL Zucker
Außerdem:
400 g gemischtes
Beerenobst (frisch oder tief-
gefroren)

- Die Sonnenblumenkerne fein mahlen.

- Die Eier trennen. Eigelb, Wasser, Zucker und Salz dick schaumig schlagen.

- Das Eiweiß steif schlagen, auf die Eicreme geben. Mehl und Backpulver darüber sieben und vorsichtig unterrühren.

- Zuletzt die gemahlenen Sonnenblumenkerne locker unterheben.

- Auf Backpapier 3 Kreise mit einem Durchmesser von 24 cm zeichnen. Auf Bleche legen und jeweils $^{1}/_{3}$ des Teiges (ca. 6 EL) in den Kreisen verstreichen. Im auf 225°C vorgeheizten Backofen auf der Mittelschiene ca. 10 Minuten backen, gut auskühlen lassen.

- Für die Füllung die Eier ebenfalls trennen. Eigelb und Zucker schaumig rühren.

- Dann den Orangenlikör und etwas Zitronensaft unterrühren.

- Das Eiweiß steif schlagen.

- Zuerst den Mascarpone unter die Eicreme rühren, dann den Eischnee locker unterheben. Kühl stellen.

- Für den Krokant die Sonnenblumenkerne grob hacken. In etwas Fett in einer Pfanne anrösten. Anschließend den Zucker darüber streuen und unter Rühren schmelzen und bräunen lassen. Auf Alufolie abkühlen lassen und mit einem Nudelholz zerkleinern.

- Die Böden mit der Mascarponecreme und $^{2}/_{3}$ von den Beeren aufeinandersetzen.

- Zuletzt mit Krokant bestreuen und mit den restlichen Beeren belegen. Bis zum Servieren kalt stellen.

- Vor- und Zubereitungszeit: 45 Minuten
Backzeit: 30 Minuten

Süße Schweizer Käsecremetorte

Teig:
150 g Mehl, 1/2 TL Back-
pulver, 1 Prise Salz,
65 g Butter, 65 g Zucker,
2 Eigelb
Belag:
1/2 l Milch, 2 Päckchen
Puddingpulver Vanille-
geschmack, 200 g Zucker,
750 g Quark (20 % F. i. Tr.),
Saft einer Zitrone,
30 g Rosinen, 3 Eiweiß
Guss:
1 Eigelb, 1 EL Milch, 3 EL
gehackte frische Pistazien
Backgerät:
Springform,
1 TL Margarine zum
Einfetten

- Backofen auf 170 °C vorheizen. Alle Teigzutaten rasch miteinander verkneten. Dafür das Mehl mit Backpulver und Salz mischen. Danach die kalte Butter zügig unterarbeiten, Zucker und Eigelb zufügen, gründlich, aber rasch miteinander verkneten. Den Teig ausrollen und eine gefettete Springform damit auslegen. Einen möglichst hohen Rand andrücken. Mit einer Gabel mehrmals den Boden einstechen.

- In dem vorgeheizten Backofen den Teigboden 15 Minuten vorbacken, danach abkühlen lassen.

- In 3 EL Milch die beiden Puddingpulver anrühren. Restliche Milch erhitzen. Zucker einrühren und Puddingmilch dazugeben. Unter ständigem Rühren kurz aufkochen lassen und Topf vom Herd nehmen.

- Den Quark mit dem Zitronensaft verrühren und zum Puddingpulver geben. Gut rühren. Noch einmal ganz kurz aufkochen lassen.

- Rosinen waschen, abtrocknen, mit etwas Mehl einstäuben und unter die Quarkmasse heben. Wenn die Quarkmasse abgekühlt ist, die Eiweiße steif schlagen und vorsichtig unter die Quarkcreme heben.

- Diesen Quarkpudding auf den Teigboden geben.

- Eigelb mit Milch verquirlen und die Oberfläche damit bestreichen. Pistazien aufstreuen. Backen.

- Backzeit: 15 Minuten vorbacken, 50–60 Minuten fertig backen
Backhitze: 170 °C

Kokos-Quarktorte „Colombo“

Teig:
1 ganze frische Kokosnuss,
100 g Butter oder
Margarine, 100 g Zucker,
1 Päckchen Vanillezucker,
1 Prise Salz, 1 Ei,
75 ml ungesüßte
Kokoscreme (aus der Dose),
100 g Mehl,
2 EL Speisestärke,
1/2 TL Backpulver
Füllung:
12 Blatt weiße Gelatine,
500 ml ungesüßte
Kokoscreme (aus der Dose),
150 ml Crème fraîche,
100 ml Sahnequark,
100 g Zucker, 1 Päckchen
Vanillezucker,
4 EL Kokosnusslikör,
200 ml Sahne
Backgerät:
Springform,
1 TL Margarine zum
Einfetten

- Kokosnuss öffnen, Hälften im Backofen etwa 20 Minuten bei 150 °C etwas antrocknen lassen. So löst sich das Fruchtfleisch leichter aus der Schale. Braune Haut abschälen. Hälfte des Fruchtfleisches ganz klein hacken oder im Mixer zerkleinern, Butter, Zucker, Vanillezucker, Salz und Ei gut verquirlen.

- Kokoscreme und 2/3 der selbst bereiteten, frischen Kokosflocken unterrühren.

- Backofen vorheizen.

- Mehl, Speisestärke und Backpulver gut mischen und nach und nach unter die Butterkokosmasse rühren. Diesen Teig in die gefettete Springform füllen, glatt streichen und backen. Ausgekühlt auf eine Tortenplatte legen.

- Die Gelatine einweichen.

- Kokoscreme, Crème fraîche, Sahnequark, Zucker, Vanillezucker und Likör miteinander verrühren.

- Die Gelatine ausdrücken und in 4 EL heißem Wasser auflösen, unter die Kokosmasse rühren. Restliche Kokosflocken hinzugeben. Kalt stellen.

- Kurz bevor die Füllung zu gelieren beginnt, die Sahne steif schlagen und unterheben. Creme auf dem Tortenboden verstreichen, dabei auf eine schöne glatte Oberfläche achten. Die Torte kalt stellen.

- Das restliche Kokosfruchtfleisch mit dem Kartoffelschäler in Spiralen schälen und damit die Torte verzieren.

- Backzeit: 20–25 Minuten
  Backhitze: 175 °C

Quark-Apfelkuchen

auf Amsterdamer Art

Teig:
200 g Mehl,
1/2 TL Backpulver, 1 Prise
Salz, 100 g kalte Butter oder
Margarine, 50 g Zucker,
1 Eigelb, 1 EL Wasser
1. Belag:
100 g Rosinen, 1 EL Rum,
750 g Quark (20 % F. i.Tr.),
180 g Zucker,
1 Päckchen Vanillezucker,
2 Eigelb, 3 EL Milch,
30 g Stärkemehl,
1 Päckchen Puddingpulver
Sahnegeschmack,
1 Prise Salz, 3 Eiweiß
2. Belag:
4–5 gleich große Äpfel,
1 EL Zitronensaft,
2 EL Zucker,
2 EL Mandelblättchen
Backgerät:
Feuerfeste Auflaufform,
1 TL Margarine zum
Einfetten

- Mehl mit dem Backpulver und dem Salz vermengen, kalte Butter oder Margarine zugeben und rasch mit dem Zucker und dem Eigelb verkneten. Den Teig zu einer Kugel rollen, in eine Folie oder in ein Küchentuch wickeln und etwa eine halbe Stunde kalt stellen.

- Danach auf einer bemehlten Arbeitsplatte ausrollen und die gefettete Form damit auslegen. Bei kleinen Formen kann man den Teig auch mit den Fingern „passend" drücken. Dann einen 2–3 cm hohen Rand ziehen, den Boden mit einer Gabel mehrmals einstechen. Kalt stellen.

- Rosinen waschen und im Rum einweichen. Inzwischen den Quark mit Zucker, Vanillezucker, Eigelb, Milch, Stärkemehl, Puddingpulver und Salz verrühren. Die Rosinen trockentupfen, leicht mit Mehl bestäuben und in die Quarkmasse rühren.

- Die Eiweiße steif schlagen und vorsichtig unterheben. Diese Quarkmasse auf den Teigboden füllen und glatt streichen.

- Die Form nochmals kalt stellen. Die Äpfel schälen, halbieren und das Kerngehäuse entfernen. An den Rundungen einritzen, mit Zitronensaft bestreichen und mit Zucker bestreuen.

- Die Äpfel mit der Rundung nach oben auf die Quarkmasse setzen, Mandelblättchen darüber streuen. Auf der untersten Einschubleiste in den Ofen stellen. Backen.

- Den Kuchen noch 5–10 Minuten im abgeschalteten Backofen ruhen lassen.

- Backzeit: 50–60 Minuten
  Backhitze: 200–210 °C

Quarktraum „Hawaii“

Teig:
15 Zwiebäcke, 30 g Zucker,
80 g Butter, 2 EL Mehl,
2 EL Speisestärke, 4 Eigelb
Füllung:
1/4 l Wasser, 2 Eigelb,
150 g Zucker, 6 Blatt weiße
Gelatine, 300 g
Doppelrahm-Frischkäse,
100 g Quark (40 % F. i. Tr.),
1 EL Zitronensaft,
1 Päckchen Vanillezucker,
1 EL Rum, 2 Eiweiß
Belag:
7 Scheiben Ananas aus der
Dose, 1 kleine Dose
Mandarinen, 1 Päckchen
klarer Tortenguss
Backgerät:
Springform,
1 TL Margarine zum
Einfetten, 1 EL Semmel-
brösel, 1 EL gemahlene
Mandeln zum Bestreuen
der Form

- Die Zwiebäcke zerbröseln. Dafür werden sie am besten in grobe Stücke zerbrochen und diese dann in eine Plastiktüte gefüllt. Jetzt so lange mit dem Nudelholz darüber rollen, bis alle Zwiebäcke zerbröselt sind. Diese Krümel mit Zucker, Butter, Mehl, Speisestärke und Eigelb zu einem Teig verkneten.

- Den Backofen vorheizen.

- Semmelbrösel und gemahlene Mandeln mischen und die gefettete Springform damit bestreuen. Den Teig ausrollen und die Springform damit belegen. Ist der Teig etwas bröckelig, ihn mit den Fingern fest andrücken. Einen etwa 2 cm hohen Rand ziehen. Backen und abkühlen lassen.

- Inzwischen Ananas und Mandarinen gut abtropfen lassen.

- Für die Füllung das Wasser mit Eigelb und Zucker schaumig rühren. Die Gelatine in etwas Wasser einweichen, ausdrücken und in 3 EL Mandarinensaft so lange erhitzen, bis sie sich aufgelöst hat. Etwas abkühlen lassen und unter die Eigelb-Zucker-Creme mischen.

- Frischkäse, Quark-Zitronen-Saft, Vanillezucker und Rum miteinander verrühren und diese Masse unter die Eigelb-Zucker-Creme heben. Kalt stellen.

- Die Eiweiße steif schlagen und ebenfalls unter die Quarkcreme heben. Nicht mehr rühren! Den erkalteten Tortenboden mit der Creme bestreichen und 2 Stunden kalt stellen. Zum Schluss die fest gewordene Quarkcreme mit Ananas und Mandarinen hübsch belegen. Rand glattstreichen.

- Einen Tortenguss nach Vorschrift zubereiten. Statt Wasser restlichen Mandarinensaft verwenden. Keinen Ananassaft nehmen, der geliert sonst schlecht.

- Den Tortenguss behutsam über den Obstbelag gießen und die Torte bis zum Servieren nochmals kalt stellen.

- Backzeit: 20 Minuten
  Backhitze: 200 °C

Kokos-Limonen-Torte

mit Eiswaffelboden

Zutaten:
2 Limonen (unbehandelt),
100 g Kokosraspel
Boden:
60 Stück (3 Packungen)
Eiswaffeln, 125 g zerlassene,
abgekühlte Butter
Belag:
400 g Doppelrahm-
Frischkäse, 200–300 ml
Schlagsahne, 75 g Zucker

- Zwei Limonen heiß abwaschen, abtrocknen und die Schale dünn abreiben. Beide Früchte auspressen.

- Limonensaft und -schale mit den Kokosraspeln mischen und bis zur weiteren Verwendung durchziehen lassen.

- Für den Boden die Eiswaffeln in einen Gefrierbeutel geben, den Beutel verschließen, die Eiswaffeln mit einer Teigrolle zerdrücken und in eine Schüssel geben. Die Waffelkrümel mit der Butter verrühren.

- Einen Springformrand oder Tortenring (Durchmesser 24 cm, evtl. mit Backpapier ausgekleidet) auf eine Tortenplatte stellen.

- Die Masse gleichmäßig auf die Tortenplatte geben und mit einem feuchten Löffelrücken zu einem Boden andrücken.

- Für den Belag den Frischkäse mit den eingeweichten Kokosraspeln verrühren.

- Sahne mit Zucker steif schlagen und unter die Frischkäsemasse heben. Die Masse auf den Boden geben, glatt streichen und die Torte etwa 3 Stunden kalt stellen.

- Vor dem Servieren den Springformrand (Tortenring) entfernen. Die Torte nach Belieben garnieren (mit Limonenscheiben, Eiswaffeln etc.).

- Zubereitungszeit:
ca. 25 Minuten
Kühlzeit: ca. 3 Stunden

Piemonter Weintraubentorte

Teig:
75 g Butter oder Margarine,
75 g Zucker, 1 Ei,
1 TL Grappa (Trester-
schnaps) oder Rum,
150 g Mehl,
1 Msp. Backpulver

Füllung:
200 g Doppelrahm-Frisch-
käse, 50 g Sahnequark,
1 EL Grappa
(Tresterschnaps) oder Rum,
125 ml Sahne, 75 g Zucker,
je 250 g blaue und
grüne Weintrauben,
möglichst kernlos

Guss:
3 Blatt weiße Gelatine oder
1 Päckchen klarer
Tortenguss,
100 ml Weißwein,
1 TL Grappa
(Tresterschnaps),
50 g Mandelblättchen

Backgerät:
Springform,
1 TL Margarine

- Backofen auf 200 °C vorheizen. Butter, Zucker, Ei und Grappa (oder Rum) gut miteinander verrühren. Mehl mit Backpulver mischen, unter den Teig rühren und eine gut gefettete Springform damit füllen.

- Den Backofen auf 220 °C hochstellen und backen. In der Form etwas abkühlen lassen, dann den Tortenboden auf eine Platte stürzen und auskühlen lassen.

- Für die Füllung Frischkäse und Quark mit Sahne, Schnaps und 50 g Zucker schaumig rühren. Kalt stellen.

- Die Weintrauben halbieren und evtl. vorhandene Kerne mit einem spitzem Messer vorsichtig entfernen.

- Den Tortenboden mit der Käsemasse bestreichen. Weintrauben mit der Wölbung nach oben in diese Masse legen, leicht andrücken.

- Gelatine in dem Weißwein einweichen, restlichen Zucker dazugeben und erhitzen. Wenn die Gelatine sich aufgelöst hat, abkühlen lassen. Kurz bevor die Flüssigkeit geliert, über die Trauben geben.

- Tortenrand dick mit den Mandelblättchen bestreuen. Vor dem Servieren kalt stellen.

- Backzeit: 15–20 Minuten
  Backhitze: 220 °C

Maroni-Birnenkuchen „Locarno“

Teig:
75 g Sultaninen,
4 EL Calvados, 10 Maroni (Esskastanien) oder ersatzweise 10 Walnüsse,
2 Eier, 1 Eigelb,
75 g Zucker, 1 Päckchen Vanillezucker,
500 g Magerquark,
2 EL Mehl,
2 EL Speisestärke,
1 Msp. Backpulver,
125 ml Schlagsahne,
50 g gemahlene Mandeln,
2 gleich große, saftige, aber nicht zu weiche Birnen

Backgerät:
hohe Auflaufform,
1 TL Margarine zum Einfetten, 3 EL grob gemahlene Mandeln,
1 EL Semmelbrösel für die Form

- Sultaninen waschen, abtrocknen und in dem Apfelschnaps einweichen. Maroni auf der gewölbten Seite über Kreuz einschneiden, auf ein Backblech legen und so lange bei 200 °C backen, bis sich die eingeschnittenen Stellen nach außen wölben und die Maroni sich leicht aus der Schale lösen lassen. Besonders wichtig ist, dass sie sich aus der inneren Haut lösen.

- In der Zwischenzeit Eier, Eigelb, Zucker und Vanillezucker gut verrühren. Nach und nach den Quark zugeben. Mehl, Speisestärke, Backpulver mischen und unter die Quarkmasse heben.

- $^2/_3$ der Sahne und die Sultaninen mit dem Schnaps unterrühren. Mandeln unterheben.

- Dann die in kleine Stücke gehackten Maroni untermischen. Ersatzweise Walnüsse nehmen.

- Den Teig in die gefettete Auflaufform füllen.

- Die Birnen schälen, halbieren, vorsichtig das Kerngehäuse entfernen und an der Wölbung längs einritzen. Mit der Wölbung nach oben in die Quarkmasse setzen.

- Darüber die restliche Sahne streichen und den Kuchen auf der untersten Einschubleiste backen. Abkühlen lassen und mit zerlassenem Walnusseis servieren.

- Backzeit: 35 Minuten
  Backhitze: 200 °C

Lombardische Schoko-Käsetorte

Teig:
80 g Butter oder Margarine,
80 g Zucker, 1 Prise Salz,
2 Eier, 50 g Milchschoko-
lade, 50 g Zartbitterschoko-
lade, 100 g Mehl,
1 TL Backpulver
Füllung:
500 g kleine Birnen,
2 EL Zitronensaft,
80 g Zucker, 8 Blatt weiße
Gelatine, 250 g Quark
(20 % F. i. Tr.),
250 g Crème fraîche,
1/4 l Heidelbeersaft,
2 EL Honig
Backgerät:
Springform,
1 TL Margarine zum
Einfetten

- Backofen vorheizen. Butter, Zucker, Salz und Eier schaumig rühren.

- Schokolade reiben, mit Mehl und Backpulver mischen und unter die Buttermischung geben. In die gefettete Springform füllen, glatt streichen und backen.

- Aus der Form nehmen und auskühlen lassen.

- Die Birnen für die Füllung schälen, halbieren und vorsichtig das Kerngehäuse entfernen. Zitronensaft und Zucker miteinander aufkochen.

- Birnenhälften vorsichtig in diese Flüssigkeit setzen und zugedeckt 4 Minuten dünsten. Vorsichtig herausnehmen und abtropfen lassen.

- 4 Blatt Gelatine einweichen und in dem heißen Kochsud auflösen.

- Quark und Crème fraîche miteinander verquirlen und den abgekühlten Gelatinesud unterziehen.

- Den Tortenboden auf eine Platte setzen, Springformrand darum stellen. Die fast gelierte Quarkmasse einfüllen. Kalt stellen.

- In dieser Zeit die restliche Gelatine kurz in Wasser einweichen, ausdrücken und mit 4 EL von dem Heidelbeersaft erhitzen. Den restlichen Saft dazugeben. Mit Honig süßen.

- Die gut abgetropften Birnen auf dem Quarkbelag verteilen. Dann den fast gelierten Saft über die Birnen gießen und fest werden lassen.

- Backzeit: 20 Minuten
  Backhitze: 175 °C

Rigaer Apfelkuchen

Teig:
125 g Butter, 125 g Zucker,
1 Päckchen Vanillezucker,
1 Prise Salz, 2 Eier,
200 g Mehl, 1 gehäufter
TL Backpulver
Belag:
500 g Magerquark,
150 Zucker, 1 Päckchen
Vanillezucker, 2 Eigelb,
125 g Speisestärke,
2 Eiweiß, 125 ml Sahne,
100 g Korinthen,
100 g Sultaninen,
1 kg Äpfel, 50 g grob
gehackte Mandeln,
50 g grob gehackte
Haselnüsse,
2 EL Zucker
Zum Verfeinern:
2 TL Zimt,
50 g Hagelzucker
Backgerät:
Backblech,
1 EL Margarine zum
Einfetten

- Backofen vorheizen.

- Butter mit Zucker, Vanillezucker und Salz schaumig rühren. Eier hinzugeben. Mehl mit Backpulver mischen, nach und nach unter den Teig rühren. Auf das gefettete Backblech streichen und 15 Minuten vorbacken.

- Inzwischen den Quark mit Zucker,Vanillezucker und Eigelb cremig rühren. Speisestärke über den Quark sieben und unterrühren. Eiweiß und Sahne einzeln steif schlagen. Nacheinander vorsichtig unter den Quark heben.

- Korinthen und Sultaninen waschen, abtrocknen.

- Die Äpfel schälen, vierteln, entkernen und in dünne Scheiben schneiden.

- Das Backblech aus dem Ofen nehmen.

- Die Hälfte der Äpfel auf dem Kuchen verteilen. Dann den gesamten Quark darüber streichen. 2 EL Zucker in einer trockenen Pfanne zerlaufen lassen. Mandeln und Nüsse zugeben und unter kräftigem Rühren wenige Minuten karamelisieren lassen. Sofort vom Herd nehmen und kalt stellen. Sultaninen und Korinthen mit diesen Karamel-Nüssen mischen und alles über die Quarkmasse streuen. Die restlichen Apfelscheibchen darauf schön anordnen.

- Die Backtemperatur auf 180 °C herunterstellen und den Kuchen in etwa 45 Minuten backen. Noch heiß mit Zucker und Zimt bestreuen.

- Backzeit: 15 und 45 Minuten
Backhitze: 200 °C fürs Vorbacken, 180 °C fürs Fertigbacken

Griechische Käsetorte

Teig:
125 g Butter oder
Margarine, 200 g Zucker,
1 kg Magerquark, 4 Eier,
Saft einer Zitrone,
2 EL Grieß,
1 TL Backpulver,
1 Päckchen Puddingpulver
Mandelgeschmack

Belag:
2 Pfirsiche,
4 Aprikosen, 2 Kiwis,
100 g Honigmelone

Guss:
1/4 l Wasser,
75 g Zucker, 3 Blatt weiße
Gelatine oder 1 Päckchen
klarer Tortenguss

Backgerät:
Springform,
1 TL Margarine zum
Einfetten

- Butter mit Zucker schaumig rühren. Quark, Eier und Zitronensaft zugeben. Grieß mit Backpulver und Puddingpulver vermengen und unter die Quarkmasse rühren.

- Backofen vorheizen. Teig etwa 10 Minuten ruhen lassen, dann in die gefettete Springform füllen, glatt streichen und backen. In der Form abkühlen lassen. Die Oberfläche – wenn nötig – glatt schneiden, dann vorsichtig aus der Form nehmen und auf eine Tortenplatte stürzen.

- Pfirsiche und Aprikosen kurz in kochendes Wasser legen, die Haut abziehen, halbieren und entkernen. Kiwis schälen und in Scheiben schneiden. Aus einer Scheibe Melone mit einem Ausstecher kleine Kugeln formen und abtropfen lassen. Das ganze Obst schön auf dem Tortenboden verteilen.

- Wasser und Zucker aufkochen lassen. Die vorher eingeweichte und ausgedrückte Gelatine darin auflösen. Oder Tortenguss nach Vorschrift zubereiten. Abkühlen lassen und kurz vor dem Festwerden über das Obst gießen. Kalt stellen.

- Mit Schlagsahne oder zerlassenem Vanilleeis servieren.

- Backzeit: 50–60 Minuten
  Backhitze: 180 °C

Französische Quarksahnetorte

Teig:
2 Eigelb, 100 g Zucker,
2 EL heißes Wasser,
1 Prise Salz, 1 gestrichener
TL Backpulver, 75 g Mehl,
50 g Speisestärke, 2 Eiweiß
Füllung:
3 Eigelb, 250 g Zucker,
2 EL heißes Wasser,
500 g Sahnequark
(40% F. i. Tr.),
2 EL Kirschwasser
8 Blatt weiße Gelatine,
1/2 l Sahne, 2 EL Zucker,
3 Eiweiß, 1 TL Zucker
Glasur:
150 g weiße Kuvertüre
150 g gehackte Pistazien
Backgerät:
Springform, Backpapier
Tortenplatte

- Die Eigelbe so lange schlagen, bis eine dickliche weiße Masse entsteht. Nach und nach den Zucker hinzufügen, bis er sich aufgelöst hat. Falls sich die Eigelb nicht gut verbinden, 2 EL heißes Wasser zugeben. Salz, Backpulver, Mehl und Speisestärke mischen und über die Eiercreme geben. Rasch unterziehen. Nicht rühren!

- Eiweiß steif schlagen. In drei Portionen vorsichtig unter die Eiercreme heben. Nicht rühren!

- Den Teig in eine am Boden gefettete, mit Backpapier ausgelegte Form füllen. Wichtig: Den Rand nicht fetten, sonst geht der Kuchen nicht gleichmäßig auf.

- Bei 200 °C Ofentemperatur backen. Aus der Form lösen und kopfüber auf ein Kuchengitter stürzen. Backpapier abziehen. Den Tortenboden einen Tag ruhen lassen, dann quer durchschneiden.

- Für die Füllung Eigelb, Zucker und heißes Wasser schaumig rühren, bis sich der Zucker aufgelöst hat. Quark und Kirschwasser dazugeben.

- Gelatine in 4 EL kaltem Wasser einweichen. Unter ständigem Rühren so lange erhitzen, nicht kochen, bis sie sich gelöst hat. In die Quarkmasse geben und durchrühren. Kalt stellen.

- Inzwischen die Schlagsahne mit 2 EL Zucker steif schlagen und vorsichtig unter die Quarkmasse heben. Wieder kalt stellen. Eiweiß mit 1 TL Zucker steif schlagen und ebenfalls vorsichtig unter die Quarksahne heben. Nicht rühren. Kalt stellen.

- Den abgekühlten Tortenboden waagerecht in zwei Hälften teilen. Eine Hälfte auf eine Tortenplatte legen. Springformrand oder Tortenring darum stellen. Auf den Boden die Quarkmasse einfüllen und glatt streichen. Im Kühlschrank mehrere Stunden durchziehen lassen. Dann den zweiten Boden obenauf legen, etwas andrücken und nochmals eine Stunde ziehen lassen.

- Springformrand bzw. Tortenring entfernen. Tortenrand glatt streichen und mit den Pistazien bestreuen. Mit einem Messer etwas andrücken. Kuvertüre raspeln und schmelzen lassen. Mit einem breiten Messer weiße „Späne" hobeln und die Torte damit verzieren.

- Backzeit: 20–25 Minuten
  Backhitze: Vorheizen auf 175 °C, dann 200 °C

Vermonter „Eggnogg“-Kuchen

mit Heidelbeeren

Teig:
125 g Butter oder
Margarine, 100 g Zucker,
1 Päckchen Vanillezucker,
2 Eier, 150 ml Eggnogg
oder ersatzweise Eierlikör,
180 g Mehl,
50 g Speisestärke,
1/2 Päckchen Backpulver
Füllung 1:
8 Blatt weiße Gelatine,
2 Eigelb, 75 g Zucker,
1 Päckchen Vanillezucker,
200 g Magerquark,
3 EL Sahne, 200 ml
Eggnogg bzw. Eierlikör,
1 TL Zitronensaft
Füllung 2:
75 ml bzw. Eggnogg bzw.
Eierlikör,
5 EL Wasser, 350 g frische
Heidelbeeren
Guss:
1/4 l Wasser, 75 g Zucker,
150 g frische Heidelbeeren,
3 Blatt weiße Gelatine
Backgerät:
Springform,
1 TL Margarine zum
Einfetten

- Butter, Zucker, Vanillezucker schaumig schlagen. Eier und Eggnogg bzw. Eierlikör verquirlen und unterrühren. Mehl und Speisestärke mit Backpulver mischen und unter die Eiercreme rühren. Den Teig in die gefettete Springform füllen, glatt streichen und backen. In der Form abkühlen lassen, dann herausnehmen und auf einer Tortenplatte ganz auskühlen lassen. Einmal quer durchschneiden.

- Für die erste Füllung die Gelatine in kaltem Wasser einweichen.

- Eigelb, Zucker und Vanillezucker schaumig rühren. Magerquark, Sahne, Eggnogg bzw. Eierlikör und Zitronensaft unterrühren.

- Gelatine in 4 EL Wasser langsam erhitzen und dann in die Quarklikörmasse einrühren. Kalt stellen.

- Inzwischen für die zweite Füllung die Heidelbeeren kurz waschen, abtropfen lassen und trockentupfen.

- Einen Boden auf die Tortenplatte legen und den Springformrand wieder schließen.

- Kurz bevor die Quarkmasse fest zu werden beginnt, den Eggnogg bzw. Eierlikör mit 5 EL Wasser verquirlen. Mit der Hälfte des Eierlikörs den Tortenboden tränken. Darauf die Hälfte der Heidelbeeren legen und mit der Hälfte der Quarkmasse bestreichen.

- Darauf den zweiten Boden legen, leicht andrücken. Mit der restlichen Likörmischung tränken, darauf die übrigen Heidelbeeren legen und mit der restlichen Quarkmasse bestreichen. Die Torte kalt stellen.

- Für den Guss wiederum Gelatine einweichen. Wasser und Zucker etwas einkochen lassen und die Gelatine darin auflösen. Abkühlen lassen.

- Gewaschene und abgetrocknete frische Heidelbeeren auf der Torte verteilen. Die fest werdende Gelatine darüber gießen. Kalt stellen.

- Backzeit: 45 Minuten
  Backhitze: 180 °C

Florentiner Cappuccino-Quarktorte

Teig:
3 Eigelb, 80 g Zucker, 1 Prise Salz, 3 Eiweiß, 150 g Mehl, 40 g gemahlene Mandeln

Füllung:
6 Blatt weiße Gelatine, 4 Eigelb, 100 g Zucker, 1 Päckchen Vanillezucker, 500 g Quark (20 % F. i. Tr.), 125 g Joghurt, 125 g Crème fraîche, 6 EL heißes Espresso, 250 ml Schlagsahne

Guss:
50 g Mokkaschokolade, 12 Schokoladen-Kaffeebohnen zur Dekoration

Backgerät:
Springform, 1 TL Margarine zum Einfetten, 3 EL gemahlene Mandeln zum Bestreuen des Bodens

- Für den Teig die Eigelbe so lange schlagen, bis eine dickliche weiße Masse entsteht. Dabei nach und nach den Zucker hinzugeben, bis er sich völlig aufgelöst hat. Falls sich die Eigelbe nicht gut verbinden, etwa 1 EL lauwarmes Wasser zugeben. Salz und Mehl mischen und über die Eiercreme geben. Mit wenigen Bewegungen rasch unterziehen. Nicht rühren!

- Eiweiß sehr steif schlagen. Jeweils in drei Portionen vorsichtig unter die Eiercreme heben. Nicht rühren! Den Teig in eine nur am Boden gefettete und mit Mandeln bestreute Form füllen. Wichtig: Den Rand nicht fetten, da sonst der Kuchen nicht gleichmäßig aufgeht. Backen. Aus der Form lösen und kopfüber auf ein Kuchengitter stürzen.

- Den Tortenboden am besten einen Tag, mindestens aber mehrere Stunden ruhen lassen, bevor er einmal quer durchgeschnitten werden kann.

- Für die Füllung die Gelatine in kaltem Wasser etwa 5 Minuten einweichen. Eigelb, Zucker, Vanillezucker zu einer dicklichen Creme aufschlagen. Quark, Joghurt und Crème fraîche nacheinander unterrühren.

- Espresso zubereiten. Die Gelatine ausdrücken und dann in dem heißem Espresso unter Rühren auflösen und unter die Quarkmasse heben. Kühl stellen.

- Wenn die Quarkmasse zu gelieren beginnt, die Sahne steif schlagen und vorsichtig unterheben.

- Den ersten Boden auf eine Tortenplatte legen. Den Springformrand oder einen Tortenring darum stellen und die noch nicht ganz feste Quarkmasse auf den Teig streichen. Den zweiten Boden darauf legen, leicht festdrücken. Die Torte im Kühlschrank mindestens 6 Stunden, am besten über Nacht ruhen lassen. Die Schokolade raspeln und im Wasserbad (Schüssel in Kochtopf mit kochendem Wasser stellen oder Mikrowelle benutzen) schmelzen lassen. Torte mit der geschmolzenen Schokolade überziehen. Mit Schokoladen-Kaffeebohnen 12 Tortenstücke markieren.

- Backzeit: 20 Minuten
  Backhitze: 180 °C

Käsekuchen „Napoli“

Teig:
2 Eigelb, 50 g Zucker,
125 g Butter, 1 Prise Salz,
abgeriebene Schale einer
ungespritzten Zitrone,
150 g Mehl, 1 Eiweiß
Belag:
5 Eigelb, 200 g Zucker,
400 g Mascarpone,
100 g Doppelrahm-
Frischkäse, 250 ml saure
Sahne, Saft einer Zitrone,
6 Eiweiß, 500 g Sauer-
kirschen, frisch gedünstet
oder aus der Dose, gut abge-
tropft, 1 Päckchen roter
Tortenguss
Backgerät:
Springform,
1 TL Margarine zum
Einfetten, Backpapier,
500 g Erbsen oder Bohnen
zum Vorbacken

- Den Backofen vorheizen.

- Für den Teig die Eigelbe so lange schlagen, bis eine dickliche weiße Masse entsteht. Nach und nach den Zucker einrühren, bis er sich völlig aufgelöst hat.

- Die zerlassene, wieder abgekühlte Butter unterrühren. Salz und Zitronenschale zufügen. Das Mehl über die Eiercreme sieben. Mit wenigen Bewegungen rasch unterziehen. Das Eiweiß sehr steif schlagen, unterziehen.

- Den Teig in die am Boden gefettete, mit Backpapier ausgelegte Form füllen, glatt streichen, Backpapier auflegen und mit Backbohnen oder Backerbsen 15 Minuten vorbacken. Wichtig: Den Rand nicht fetten, da sonst der Kuchen nicht gleichmäßig aufgeht.

- Backerbsen entfernen und vorsichtig das Backpapier abziehen.

- Für den Belag die Eigelbe mit dem Zucker schaumig rühren. Mascarpone, Frischkäse und saure Sahne miteinander vermengen und unter die Eiercreme rühren. Mit Zitronensaft abschmecken.

- Die Eiweiße steif schlagen und vorsichtig unter die Quark-Eier-Creme heben. Diese Masse auf den vorgebackenen Tortenboden streichen und weitere 45 Minuten backen. Dann den Backofen abschalten; den Kuchen aber noch eine Stunde in der ungeöffneten Backröhre stehen lassen.

- Danach vorsichtig auf eine Tortenplatte umsetzen und weiter abkühlen lassen. Die gut abgetropften Kirschen auf der Käsemasse verteilen.

- Aus 250 ml Kirschsaft (evtl. mit etwas Wasser strecken) einen Tortenguss nach Gebrauchsanleitung herstellen und über die Kirschen gießen. Erstarren lassen und servieren.

- Backzeit: 15 Minuten vorbacken, 45 Minuten fertig backen
Backhitze: 220 °C und 160 °C

Exotische Quarktorte

Teig:
4 Eigelb, 4 EL warmes
Wasser, 125 g Zucker,
50 g zerlassene Butter,
75 g Mehl,
75 g Speisestärke, 1 Prise
Salz, 1 Msp. Backpulver,
3 Eiweiß
Füllung:
2 reife Mangos, Saft einer
Limone, 50 g Zucker,
1 Päckchen Vanillezucker,
12 Blatt weiße Gelatine,
400 ml Sahne,
50 g Kokosflocken
Belag:
2 reife aber feste Mangos,
1/4 l Maracuja-Nektar,
1 Päckchen klarer Tortenguss
Backgerät:
Springform, Backpapier,
Tortenplatte

● Den Biskuitteig zubereiten. Dafür die Eigelbe so lange schlagen, bis eine dickliche weiße Masse entsteht. Zum besseren Binden warmes Wasser zufügen. Nach und nach den Zucker einrühren, bis er sich völlig aufgelöst hat. Die zerlassene, wieder abgekühlte Butter unterrühren. Mehl, Speisestärke, Salz und Backpulver mischen und über die Eiercreme sieben. Mit wenigen Bewegungen rasch unterziehen. Die Eiweiße sehr steif schlagen. Jeweils in drei Portionen vorsichtig unter die Eiercreme heben. Nicht rühren!

● Den Teig in eine am Boden gefettete, mit Backpapier ausgelegte Form füllen. Bei 200 °C Ofentemperatur backen. Aus der Form lösen und kopfüber auf ein Kuchengitter stürzen. Backpapier abziehen. Den Tortenboden am besten einen Tag ruhen lassen, bevor er quer durchgeschnitten wird.

● Für die Füllung die Mangos schälen, das Fruchtfleisch vom Kern lösen und mit 1 EL Limonensaft sowie mit dem Zucker und dem Vanillezucker pürieren. Unter den Quark rühren.

● Die Gelatine in dem restlichen Limonensaft einweichen und erhitzen. Unter die Quarkmasse rühren.

● Wenn die Quarkcreme zu gelieren beginnt, die Sahne in mehreren Portionen steif schlagen und vorsichtig unterheben. Immer wieder kalt stellen. Einen Teigboden auf die Tortenplatte legen. Springformrand darum stellen. Die Hälfte der Quarkmasse auf dem Boden verteilen und glatt streichen. Den zweiten Tortenboden darauf legen und leicht andrücken.

● Restliche Creme nochmals durchrühren und die Tortenoberfläche und die Seiten damit bestreichen. Kalt stellen.

● Inzwischen Kokosflocken in einer trockenen Pfanne leicht anrösten, kalt werden lassen. Den Tortenrand mit den Kokosraspeln bestreuen. Für den Belag die Mangos schälen, das Fruchtfleisch vom Kern lösen und in Spalten schneiden.

● Den Tortenguss statt mit Wasser mit dem Maracuja-Nektar zubereiten und über den Mangospalten verteilen. Kalt stellen.

● Backzeit: 30–35 Minuten
Backhitze: 175 °C

Kalifornische rosa Grapefruittorte

Teig:
2 Eigelb, 100 g Zucker,
60 g Butter, 1 Prise Salz,
1 TL Orangenblüte,
2 EL Krokant, 125 g Mehl,
1 TL Backpulver, 3 Eiweiß
Belag:
125 g Doppelrahm-
Frischkäse, 125 g
Sahnequark, 2 EL Zucker,
1 Eigelb, 4 rosa Grapefruit
Guss:
1 Päckchen klarer
Tortenguss, 1 EL Zucker,
3 EL Krokant
Backgerät:
Springform, Backpapier

- Das Mehl in eine Schüssel geben, in die Mitte eine Vertiefung drücken. Hefe mit der lauwarmen Milch und 1 EL Zucker verrühren und in die Vertiefung gießen. Etwas Mehl vom Rand darüber stäuben. Schüssel mit einem Küchentuch zu decken und an einem warmen Ort etwa 20 Minuten gehen lassen.

- Jetzt den restlichen Zucker, Eier und Salz zugeben. Kneten. Dann die weiche Butter oder Margarine hinzufügen und alles gut durchkneten. Nochmals mit dem Tuch abdecken und an einem warmen Ort 1 Stunde gehen lassen. Danach erneut kräftig durchkneten. Der Teig muss sich von der Schüssel lösen und Blasen schlagen. Bei der Verwendung von Trockenhefe nach der entsprechenden Anleitung verfahren.

- Backblech fetten, mit Semmelbröseln bestreuen und mit dem ausgerollten Teig belegen. Aprikosen waschen, abtrocknen, halbieren und entsteinen.

- Den Backofen auf 200 °C vorheizen.

- Frischkäse mit Ei, Zucker und Weißwein glatt rühren. Käsecreme auf den Teig streichen. Aprikosen mit der Öffnung nach oben dicht nebeneinander in die Käsecreme setzen. In jede Aprikosenhälfte eine ganze Mandel legen.

- Nochmals 10 Minuten gehen lassen. Backen. Konfitüre mit Weißwein verrühren und den noch warmen Kuchen damit bestreichen.

- Backzeit: 50 Minuten
  Backhitze: 200 °C

Brüsseler dunkler Käsekuchen

Teig:
150 g Schokoladen-
Kuvertüre, 125 g Butter,
125 g Zucker, 4 Eier,
125 g Mehl, 1/4 Päckchen
Backpulver, 1 Prise Salz,
100 g gemahlene Mandeln,
125 ml Milch
Füllung:
150 g Schokoladen-
Kuvertüre, 175 g Crème
fraîche, 125 g Quark
(40 % F. i. Tr.),
50 g Mandelblättchen
Backgerät:
Springform,
1 TL Margarine zum
Einfetten

- Kuvertüre in einem kleinen Topf langsam zergehen lassen.

- Backofen vorheizen.

- Butter und Zucker schaumig rühren, nacheinander die Eier dazugeben. Die zerlassene, aber wieder abgekühlte Kuvertüre unterrühren. Mehl mit Backpulver, Salz und Mandeln mischen und mit der Milch zu der Eiercreme geben. Den Teig in die gefettete Springform füllen und backen. Abkühlen lassen und – möglichst am nächsten Tag – quer in drei Tortenböden schneiden. Einen Boden auf eine Tortenplatte legen.

- Die Kuvertüre für die Füllung zergehen lassen, nach und nach Crème fraîche und Quark unterziehen. Diese Masse so lange rühren, bis eine dickliche Creme entstanden ist. Den Boden damit bestreichen.

- Zweiten Boden darauf legen, etwas andrücken. Wieder mit Creme bestreichen und dritten Boden auflegen und andrücken. Oben und am Rand ebenfalls mit Creme bestreichen. Den Tortenrand dick mit Mandelblättchen bestreuen. Vor dem Servieren kühl stellen.

- Backzeit: 45 Minuten
  Backhitze: 200 °C

Polnische Heidelbeer-Quarkschnitten

Teig:
4 Eigelb, 175 g Zucker,
1 Prise Salz, 80 g Mehl,
80 g Speisestärke, 1 gestri-
chener TL Backpulver,
4 Eiweiß
Füllung:
100 g frische oder 150 g
tiefgekühlte Heidelbeeren,
6 Blatt weiße Gelatine,
1 Ei, 75 g Zucker,
1 Päckchen Vanillezucker,
250 g Quark (20 % F. i. Tr.),
250 ml Sahne
Backgerät:
Backblech, Backpapier,
Kuchengitter, rechteckige
Tortenplatte

- Backofen vorheizen.

- Backblech mit Backpapier auslegen. Den Biskuitteig zubereiten. Dafür die Eigelbe so lange schlagen, bis eine dickliche weiße Masse entsteht. Nach und nach den Zucker hinzugeben, bis er sich völlig aufgelöst hat. Salz, Mehl, Speisestärke und Backpulver mischen und über die Eicreme sieben. Mit wenigen Bewegungen rasch unterziehen. Nicht rühren!

- Eiweiß sehr steif schlagen. Jeweils in drei Portionen vorsichtig unter die Eiercreme heben. Nicht rühren!

- Den Teig gleichmäßig auf das mit Backpapier ausgelegte Blech streichen. Wichtig: Den Rand nicht fetten, da sonst der Kuchen nicht gleichmäßig aufgeht. Bei 200 °C Ofentemperatur backen.

- Wenn der Teig hellgelb ist und nicht mehr klebt (vorsichtig mit dem Finger berühren), auf ein Kuchengitter stürzen, Backpapier abziehen und auskühlen lassen.

- Inzwischen die Heidelbeeren waschen, verlesen, trockenreiben bzw. bei der Verwendung von gefrosteten Heidelbeeren zum Abtauen in ein Sieb geben.

- Die Gelatine in 3 EL Wasser einweichen. Ei mit Zucker und Vanillezucker schaumig schlagen und unter den Quark rühren. Die Gelatine vorsichtig erhitzen, nicht kochen. In die Quarkmasse rühren. Kalt stellen. Kurz bevor die Quarkmasse fest wird, die Heidelbeeren vorsichtig unterheben.

- Die Teigplatte halbieren und eine Hälfte mit der Quarkcreme bestreichen. Die andere Teigplatte darauf legen, etwas andrücken. Im Kühlschrank fest werden lassen und dann in Stücke schneiden.

- Backzeit: 12–15 Minuten
  Backhitze: 200 °C

Käse-Sanddorn-Kuchen

Teig:
5 Eigelb, 3 EL warmes
Wasser, 125 g Zucker,
175 g Weizenvollkornmehl,
1 TL Backpulver, 5 Eiweiß
Füllung:
10 Blatt weiße Gelatine,
250 g Magerquark,
300 ml Magermilch-Joghurt,
100 g Zucker, 150 ml
Sanddornsaft, 250 ml Sahne
zum Verfeinern:
4 EL Haferflocken,
2 EL gemahlene Mandeln,
2 TL Zucker
Backgerät:
Springform, Backpapier,
Tortenplatte

- Backofen vorheizen.

- Den Biskuitteig zubereiten. Dafür die Eigelbe so lange schlagen, bis eine dickliche weiße Masse entsteht. Zum besseren Binden warmes Wasser zufügen. Nach und nach den Zucker einrühren, bis er sich völlig aufgelöst hat. Mehl und Backpulver mischen und über die Eiercreme geben. Mit wenigen Bewegungen rasch unterziehen. Nicht rühren!

- Eiweiß sehr steif schlagen. Jeweils in drei Portionen vorsichtig unter die Eiercreme heben. Nicht rühren!

- Den Teig in eine am Boden gefettete, mit Backpapier ausgelegte Form füllen. Wichtig: Den Rand nicht fetten, da sonst der Kuchen nicht gleichmäßig aufgeht. Bei 200 °C Ofentemperatur backen.

- Aus der Form lösen und kopfüber auf ein Kuchengitter stürzen. Backpapier abziehen. Den Tortenboden am besten einen Tag ruhen lassen, bevor er zweimal durchgeschnitten wird.

- Für die Füllung die Gelatine in 3 El Sanddornsaft einweichen. Quark, Joghurt und restlichen Sanddornsaft mit Zucker verrühren. Gelatine erhitzen, bis sie sich ganz aufgelöst hat, und unter die Quarkmasse rühren. Kalt stellen.

- Kurz bevor der Quark fest wird, Sahne steif schlagen und unterheben. Einen Boden auf eine Tortenplatte legen, Springformrand darum stellen. Boden mit 1/3 der Quarkmasse bestreichen. Zweiten Boden darauf legen, etwas andrücken.

- Mit dem zweiten Drittel der Quarkmasse bestreichen.

- Letzten Boden darauf legen, wieder etwas andrücken. Mit dem Rest der Quarkmasse bestreichen. Rand glatt streichen. Kühl stellen.

- Haferflocken mit Mandeln und Zucker mischen und in einer trockenen Pfanne leicht braun werden lassen. Abkühlen lassen. Torte kurz vor dem Servieren oben und am Rand damit verzieren.

- Backzeit: 30 Minuten
  Backhitze: 180–200 °C

Pariser Zitronenwindbeutel

Teig:
¹/4 l Wasser, 70 g Butter
oder Margarine, 175 g Mehl,
4 Eier (bei sehr großen
Eiern nur 3 nehmen),
1 gestrichener TL
Backpulver
Füllung:
200 g Sahnequark,
2 EL Zucker, abgeriebene
Schale einer ungespritzten
Zitrone, 2 EL Zitronensaft,
150 ml Schlagsahne
Backgerät:
Backblech,
1 TL Margarine zum
Einfetten, 1 EL Mehl zum
Bestäuben

- Das Wasser mit der Butter oder Margarine in einem kleinen Topf aufkochen. Das Mehl auf einmal in die kochende Flüssigkeit geben und mit einem Holzlöffel so lange rühren, bis sich am Topfboden eine weiße Haut bildet und der Teig sich als glatter Kloß vom Topfboden löst. Topf vom Herd nehmen, und die Masse abkühlen lassen. Nach und nach vorsichtig die Eier dazugeben und kräftig unterrühren. Vor Hinzugabe des letzten Eis die Teigkonsistenz prüfen: Er muss zäh vom Löffel reißen und darf nicht zu dünnflüssig sein; sonst werden die Gebäcke zu flach. Eventuell auf das letzte Ei verzichten. Ganz zuletzt das Backpulver über den Teig geben und noch einmal kräftig umrühren.

- Den Backofen auf 220 °C vorheizen. Das Backblech gut einfetten und leicht mit Mehl einstäuben. Für die Windbeutel etwa walnussgroße Kugeln auf das Blech setzen. Ausreichend Abstand zwischen den einzelnen Gebäckstücken halten, da die Teigkugeln etwa um das Doppelte aufgehen. Backen.

- Während der Backzeit auf keinen Fall die Backofentür aufmachen, da sonst die Windbeutel zusammenfallen. Sofort aus dem Backofen nehmen und mit einem spitzen, scharfen Messer oder der Küchenschere waagerecht durchschneiden und auf dem Kuchengitter auskühlen lassen. Danach füllen.

- Für die Füllung den Quark mit Zucker, Zitronenschale und -saft verrühren. Sahne steif schlagen, vorsichtig unter die Quarkmasse heben und füllen.

- Backzeit: 30 Minuten
  Backhitze: 220 °C

Brandteig

Zu Unrecht ist der Brandteig in den letzten Jahren etwas in Vergessenheit geraten. Windbeutel oder Eclairs, die auch scherzhaft „Liebesknochen“ genannt werden, müssen keineswegs Kalorienbomben sein. Mit erfrischender Quarkfüllung sind sie leckere und leichte Köstlichkeiten.

Karlsbader Frühlingseclairs

Teig:

1/4 l Wasser, 70 g Butter oder Margarine, 175 g Mehl, 3 Eier, 1 gestrichener TL Backpulver

Füllung:

5 EL Sahnequark, 2 EL Zucker, 1 EL Himbeergeist, 200 g frische Walderdbeeren (ersatzweise Waldhimbeeren oder Gartenobst), 1/4 l Sahne

Backgerät:

Backblech, 1 TL Margarine zum Einfetten, 1 EL Mehl zum Bestäuben

- Das Wasser mit der Butter in einem kleinen Topf aufkochen. Das Mehl auf einmal in die kochende Flüssigkeit geben und mit einem Holzlöffel so lange rühren, bis sich am Topfboden eine weiße Haut bildet und der Teig sich als glatter Kloß vom Topfboden löst. Den Topf vom Herd nehmen und die Masse etwas abkühlen lassen. Nach und nach vorsichtig die Eier dazugeben. Beim letzten Ei prüfen, ob der Teig in dicken Spitzen zäh vom Löffel reißt. Er darf nicht zu dünnflüssig sein, sonst werden die Gebäcke zu flach. Ganz zuletzt das Backpulver über den Teig geben und noch einmal kräftig umrühren.

- Backofen auf 220 °C vorheizen. Backblech gut einfetten und leicht mit Mehl einstäuben.

- Für die Eclairs mit dem Spritzbeutel längliche Streifen aufs Backblech spritzen. Ausreichend Abstand halten, da die Gebäckstücke etwa um das Doppelte aufgehen. Backen.

- Während der Backzeit auf keinen Fall die Backofentür aufmachen, da sonst die Eclairs zusammenfallen. Sofort aus dem Backofen nehmen und mit einem spitzen, scharfen Messer oder der Küchenschere waagerecht durchschneiden und auf dem Kuchengitter auskühlen lassen. Danach füllen.

- Dafür den Quark mit Zucker und Himbeergeist verrühren. Erdbeeren oder Himbeeren nicht waschen, sondern nur mit feuchtem Küchentuch abreiben. Himbeeren gut verlesen. Die Hälfte der Beeren mit einer Gabel zerdrücken und unter die Quarkmasse mischen. Restliche Beeren und die steif geschlagene Sahne vorsichtig unter die Quarkmasse heben und in die Eclairs füllen.

- Backzeit: 30 Minuten
  Backhitze: 220 °C

Bretonische Quittenpastete

Teig:
1 Packung
Tiefkühl-Blätterteig
Belag:
750 g Quitten, 75 g Zucker,
40 g Butter, 250 g Tiefkühl-
Brombeeren,
250 g Speisequark
(20% F. i. Tr.),
1 Päckchen Puddingpulver
Vanillegeschmack, 3 Eigelb
Backgerät:
flache Auflaufform

- Den Blätterteig auftauen lassen. Den Backofen vorheizen.

- Die Quitten mit einem trockenen Tuch abreiben, vierteln, schälen, das Kerngehäuse entfernen und das Fruchtfleisch in Scheiben schneiden.

- Den Zucker mit der Butter zerlaufen lassen. Die Quitten darin andünsten. Inzwischen die Brombeeren in einem Sieb abtauen lassen.

- Den Blätterteig ausrollen und zwei Kreise (Format wie Auflaufform) ausschneiden. Einen in die kalt ausgespülte Form legen. Quark mit Puddingpulver und 2 Eigelb verrühren, dann auf den Teigboden streichen.

- Die Quittenscheiben darauf legen. Die Brombeeren darüber streuen. In die zweite Teigplatte mehrere kleine Luftschnitze schneiden, bevor sie auf das Obst gelegt wird. Die obere Teigplatte am Rand festdrücken. Das dritte Eigelb mit etwas Wasser verquirlen und den Teigdeckel damit bestreichen. Backen.

- In der Form auskühlen lassen. Vorsichtig mit einem Messer den Rand von der Form lösen, dann erst anschneiden.

- Backzeit: 45 Minuten
  Backhitze: 200°C

Gebäck aus Fertigteigen, aus Biskuit- oder Zwiebackbröseln

Fertigteige aus der Tiefkühltruhe bringen neuen Schwung in die Hausbäckerei. Dabei ist der gefrostete Blätterteig besonders beliebt, vielleicht weil vielen seine Originalzubereitung zu zeitaufwendig oder zu schwierig erscheint. Daneben gibt es weitere Möglichkeiten, schnell und unkompliziert, also ohne großes Teigrühren, zu appetitlichen frischen Kuchen zu gelangen. Dass hiermit auch neue Varianten für eine köstliche Resteverwertung aufgezeigt sind, sei nur nebenbei erwähnt.

Berchtesgadener Millirahmstrudel

Teig:
275 g Mehl, 1 Prise Salz,
3 EL Öl, 150 ml warmes
Wasser
Füllung:
50 g Butter, 200 g
Magerquark, 200 ml saure
Sahne = Millirahm,
2 Eigelb, 1 Päckchen
Vanillezucker, 2 EL
Zitronensaft, 50 g Rosinen,
2 Eiweiß, 1 EL Butter
zum Verfeinern:
125 ml Milch, 4 EL Zucker,
1 EL Zimt
Backgerät:
geräumige Auflaufform,
1 EL Öl zum Einfetten,
längliches Küchentuch,
Nudelholz

- Aus den Teigzutaten einen dünnen Strudelteig herstellen. Dafür Mehl, Salz, Öl und warmes Wasser zu einem glatten Teig verkneten, bis der sich von der Schüssel löst. Dann auf der bemehlten Arbeitsfläche kräftig durchkneten. Immer wieder zusammenkneten und mit Schwung auf die Arbeitsfläche „werfen". Zuletzt den Teig zu einer Kugel formen, mit zerlassener Butter einstreichen und 30 Minuten kalt stellen.

- Vom Teig mit einem Esslöffel Teigstücke abteilen und auf einer gut bemehlten Arbeitsfläche hauchdünn zu Esstellergröße ausrollen.

- 50 g Butter zergehen lassen. Quark und Sahne zu der Butter geben und gut verrühren. Eigelb, Vanillezucker und Zitronensaft verquirlen und unter die Quarkmasse rühren. Rosinen waschen, abtrocknen und untermischen.

- Eiweiß steif schlagen und vorsichtig unter die Quarkmasse heben. Die einzelnen Teigplatten mit Quark bestreichen und wie gefüllte Eierkuchen bzw. Pfannkuchen aufrollen.

- Backofen auf 220°C vorheizen.

- Auflaufform einfetten und die Teigrollen nebeneinander hineinlegen. 1 EL Butter zerlaufen lassen und die Teigrolle damit bestreichen. Auf der untersten Einschubleiste backen.

- Nach 30 Minuten Backzeit die erhitzte Milch über die Strudelrollen gießen und weitere 15 Minuten backen. Nach dem Abkühlen mit Zimtzucker bestreuen.

- Backzeit: 30 Minuten und 15 Minuten mit der aufgefüllten Milch
Backhitze: 220°C

Strudel sind die „Spezis" in der österreichisch-ungarischen Küche; sie werden aber auch in Süddeutschland gern und oft zubereitet.

Reichenhaller Topfenstrudel

Teig:
500 g Mehl, 1 Prise Salz,
1 Ei, 200 ml Milch, Butter
zum Bestreichen, Mehl zum
Ausrollen
Füllung:
100 g Rosinen, 3 altbackene
Milchbrötchen,
200 ml Milch, 500 g Topfen
(Quark, 40% F. i. Tr.),
100 g Butter, 3 Eigelb,
200 ml saure Sahne,
100 g Zucker,
1 Päckchen Vanillezucker
1 Prise Salz
Backgerät:
Backblech oder
Auflaufform, 1 EL Öl zum
Einfetten, längliches
Küchentuch, Nudelholz

- Aus den Teigzutaten einen dünnen Strudelteig herstellen. Dafür Mehl, Salz, Ei und Milch zu einem glatten Teig verkneten, bis der sich von der Schüssel löst. Dann auf der bemehlten Arbeitsfläche kräftig durchkneten. Immer wieder zusammenkneten und mit viel Schwung auf die Arbeitsfläche „werfen". Zuletzt den Teig zu einer Kugel formen, mit zerlassener Butter einstreichen und unter einer mit viel heißem Wasser ausgespülten Schüssel ruhen lassen.

- Für die Füllung die Rosinen waschen. Brötchen in Scheiben schneiden und in der lauwarmen Milch einweichen.

- Quark, Butter, Eigelb, Sahne, Zucker, Vanillezucker und Salz kräftig miteinander verrühren, Brötchen mit einer Gabel in der Milch völlig zerdrücken. Rosinen hinzugeben. Beides unter die Quarkmasse ziehen. Die Eiweiße steif schlagen und vorsichtig unter die Quarkmasse geben. Dann den Backofen vorheizen.

- Das Küchentuch mit Mehl einstäuben. Den Strudelteig darauf so dünn wie möglich ausrollen, dann mit den Händen so weit ausziehen, dass er fast durchsichtig ist. Die Füllung auf den Teig streichen. Mit Hilfe des Tuchs von der Längsseite her aufrollen.

- Strudelrolle vorsichtig auf das gefettete Backblech oder in die Auflaufform legen. Auf der unteren Einschubleiste backen. Auf dem Blech abkühlen lassen.

- Backzeit: 45 Minuten
  Backhitze: 220°C

Blauer Traubenstrudel „Bolzano“

Teig:
200 g Mehl, 1 Prise Salz,
1 Prise Zucker,
2 EL Sonnenblumenöl,
1 Ei, etwa 100 ml Wasser,
2 EL zerlassene Butter zum
Bestreichen, Mehl zum
Ausrollen
Füllung:
100 g Marzipan-Rohmasse,
1 Ei, 100 g Crème fraîche,
100 g Doppelrahm-
Frischkäse, 100 g Zucker,
1,5 kg kleine kernlose,
blaue Weintrauben,
250 g Mandelmakronen
Backgerät:
Backblech oder geräumige
Auflaufform,
1 EL Margarine zum
Einfetten, längliches
Küchentuch, Nudelholz

- Strudelteig zubereiten. Dafür Mehl, Salz, Zucker, Öl und Ei zu einem glatten Teig verkneten. Dabei löffelweise so viel lauwarmes Wasser zugeben, dass der Teig geschmeidig, aber trotzdem fest ist. So lange kneten, bis er sich von der Schüssel löst. Dann auf der bemehlten Arbeitsfläche kräftig durchkneten. Immer wieder zusammenkneten und mit Schwung auf die Arbeitsfläche „werfen“. Zuletzt den Teig zu einer Kugel formen, mit zerlassener Butter einstreichen und unter einer mit heißem Wasser ausgespülten Schüssel ruhen lassen. Durch die Feuchtigkeit trocknet er nicht aus.

- Arbeitsfläche mit einem sauberen, bemehlten Küchentuch bedecken. Zuerst mit dem Nudelholz auswellen, danach mit den Händen den Teig Stück um Stück hauchdünn ausziehen. Immer wieder mit Öl oder Butter bestreichen, damit er nicht austrocknet und reißt.

- Mit der Füllung bestreichen. Dafür Marzipan mit Ei, Crème fraiche, Frischrahmkäse und Zucker verrühren und auf den Teig streichen. Die Trauben waschen, von den Stielen zupfen, abtrocknen, halbieren und, falls doch einige Kerne in den Trauben sind, mit einem spitzen Messer entkernen. Traubenhälften auf die Käsecreme streuen. Makronen über den Trauben zerbröseln.

- Den Strudel an der Längsseite (mit Hilfe des Küchentuches) aufzurollen beginnen. Dabei die zipfeligen, ungleichmäßigen Ränder nach innen einschlagen. So kann die Füllung nicht auslaufen, und der Strudel bekommt ein gleichmäßiges Aussehen. Das Ende fest zusammendrücken. Den fertigen Strudel mit dieser „Nahtstelle“ nach unten vorsichtig auf das gefettete Backblech oder in eine geräumige Auflaufform legen.

- Nochmals mit Butter einpinseln und backen. Den fertig gebackenen Strudel mit Butter einpinseln und mit Puderzucker bestäuben.

- Backzeit: 45 Minuten
  Backhitze: 200°C

Flandrischer Blätterteig-Käsekuchen

Teig:
1 Paket Tiefkühl-Blätterteig
Füllung:
250 g Quark (20% F. i. Tr.),
2 Eier, 4 EL Zucker,
250 g Sauerkirschen,
1 EL Butter,
2 EL gemahlene Mandeln
Backgerät:
kleines Backblech
1 TL Margarine zum
Einfetten

- Den Blätterteig langsam auftauen lassen.

- Die Kirschen gut waschen, abtrocknen und anschließend entkernen.

- Den Backofen vorheizen.

- Die Blätterteigscheiben dicht nebeneinander legen und zu einem großen Quadrat ausrollen.

- Den Teig halbieren. Eine Hälfte auf das Backblech legen.

- Den Quark mit Eiern und Zucker gut verrühren. Kirschen unterheben.

- Kirschquark auf die eine Teighälfte streichen. Mit der anderen Teighälfte bedecken. An den Rändern etwas andrücken.

- Butter zerlassen. Mandeln einrühren und den Kuchen damit bestreichen. Backen.

- Backzeit: 25 Minuten
  Backhitze: 225°C

Schwäbischer Käsekuchen

Teig:
250 g Mehl, 1 Prise Salz,
1 Msp. Backpulver,
100 g Zucker, 150 g Butter oder
Margarine, 1 Ei
Belag:
1 kg Quark (40% F. i. Tr.),
1/4 l Milch, 1/4 l saure Sahne,
100 g Zucker, 4 Eigelb,
1 Päckchen Puddingpulver,
Vanillegeschmack, 1 EL Rum,
1 EL Zitronensaft, 1 Prise Salz
100 g Rosinen
Backgerät:
Springform
1 TL Margarine

- Mehl mit dem Backpulver und dem Salz vermengen, kalte Butter oder Margarine zugeben und rasch mit dem Zucker und dem Ei verkneten.

- Den Teig zu einer Kugel rollen, in Folie oder ein Küchentuch wickeln und eine halbe Stunde kalt stellen. Danach auf einer bemehlten Arbeitsplatte ausrollen und die gefettete Form damit auslegen.

- Einen 2–3 cm hohen Rand ziehen und den Boden mit einer Gabel einstechen. Kalt stellen.

- Inzwischen den Backofen vorheizen. Quark mit Milch, saurer Sahne, Zucker, Eigelb, Puddingpulver, Zitronensaft, Rum und Salz gut verrühren. Die Rosinen waschen, abtrocknen, leicht mit Mehl einstäuben und unterheben.

- Die Eiweiße steif schlagen und vorsichtig unterziehen. Diese Quarkmasse auf den Teigboden füllen, schön glatt streichen und backen.

- Backzeit: 70 Minuten
  Backhitze: 220 °C

Westfälischer Rhabarber-Quarkkuchen

Teig:
3 Zwiebäcke,
2 Scheiben Pumpernickel,
2 Eigelb, 150 g Zucker,
1 Päckchen Vanillezucker,
Saft einer Zitrone,
1 Msp. Backpulver,
500 g Magerquark,
2 Eiweiß
Füllung:
250 g Rhabarber
1 Päckchen Vanillezucker,
Backgerät:
hohe Auflaufform
1 TL Margarine zum
Einfetten

- Zwiebäcke und Pumpernickel zerbröseln. Die Eigelbe mit 100 g Zucker, 1 Päckchen Vanillezucker und Zitronensaft schaumig rühren.

- Die Zwieback- und Pumpernickelkrümel mit dem Backpulver vermischen. Quark, Eigelbcreme und Krümel miteinander vermengen. Die Eiweiße steif schlagen und unterheben.

- Den Rhabarber waschen und putzen, in 2 cm lange Stücke schneiden und mit dem restlichen Zucker und einem Päckchen Vanillezucker vermischen, etwas ziehen lassen.

- Die Hälfte der Quarkmasse in die gefettete Form füllen. Den Rhabarber darauf verteilen. Die restliche Quarkmasse darüber geben.

- Auf der unteren Einschubleiste des Backofens backen. In dem ausgeschalteten Ofen dann noch weitere 5 Minuten stehen lassen.

- Sofort, also ofenfrisch, mit Vanillesauce oder zerlaufenem Vanilleeis servieren.

- Backzeit: 35 Minuten
  Backhitze: 200 °C

Gedeckter Quittenkuchen

Teig 1:
125 g Magerquark, 1 Eigelb,
40 g Zucker, 2–3 EL Milch,
3–4 EL Öl, 250 g Mehl,
2 TL Backpulver,
1 Prise Salz

Teig 2:
300 g Mehl, 125 g Zucker,
1 Msp. Backpulver,
1 Prise Salz, 1 Eigelb,
175 g Butterschmalz

Füllung:
2 kg Quitten, 100 g Honig

Backgerät:
Backblech, 1 EL Margarine
zum Einfetten

- Den gut abgetropften Quark mit Eigelb, Zucker, Milch, Öl, Mehl, Backpulver und Salz zu einem glatten, aber nicht klebrigen Teig verkneten. Auf einer bemehlten Arbeitsfläche ausrollen. Den Teig auf das gefettete Backblech legen. Einen kleinen Rand hochziehen und leicht andrücken. Kalt stellen.

- Für den zweiten Teig Mehl, Zucker, Salz, Eigelb und Butterschmalz zügig miteinander verkneten. Zu einer Kugel formen und ebenfalls kalt stellen.

- Die Quitten mit einem Tuch abreiben, vierteln, schälen und entkernen. In dicke Scheiben schneiden. Den Honig mit wenig Wasser unter Rühren aufkochen, die Quittenstücke dazugeben und bei schwacher Hitze etwa 10 Minuten dünsten. Die Früchte herausnehmen und gut abtropfen lassen.

Den Quitten-Honig-Saft bei starker Hitze aufkochen und so lange einkochen lassen, bis er auf wenige Esslöffel Flüssigkeit verdunstet und fast karamelisiert ist. Den Backofen vorheizen.

- Die abgetropften Quittenscheiben dicht an dicht auf den Teigboden legen und mit dem eingekochten Quittensaft bestreichen. Den zweiten Teig etwas größer als das Backblech ausrollen. Mit einem Messer mehrere kleine „Luftlöcher“ aus dem Teig schneiden.

- Die Teigplatte auf die Quitten legen, am Rand mit dem Daumen andrücken (ergibt gleichzeitig einen hübschen Rand). Backen.

- Backzeit: 45 Minuten
  Backhitze: 200 °C

Weihnachtlicher Trauben-Marzipanstrudel

Teig:
200 g Mehl, 1 Prise Salz,
2 EL Öl, 1 Ei, 50 g Zucker,
etwa 100 ml Wasser
Füllung:
200 g Marzipan-Rohmasse,
ersatzweise Marzipanreste
wie Marzipankartoffeln etc.,
1 Ei, 2 EL Crème fraîche,
2 EL Sahne-Joghurt,
1 EL Sahnequark,
150 g Puderzucker,
250 g blaue, kernlose
Weintrauben (diese Mengen
können etwas verringert
werden, wenn noch restliche
Rosinen, Korinthen, Feigen
oder Datteln mitverwertet
werden sollen), 250 g zartes
Gebäck (z.B. Mandel- oder
Kokosmakronen oder andere
Plätzchen ohne
Schokoglasur)
Backgerät:
Backblech oder große,
längliche Auflaufform
1 EL Margarine zum
Einfetten

- Mehl, Salz, Zucker, Öl, Ei und Wasser zügig miteinander verkneten. Ist der Teig zu dünn, Mehl dazugeben. Ist er jedoch zu fest, etwas Wasser in den Teig kneten. Zu einer Kugel formen, mit einem feuchten Tuch bedecken oder unter einer heiß ausgespülten und umgedrehten Schüssel etwa 30 Minuten ruhen lassen.

- Danach auf einer gut bemehlten Arbeitsfläche ausrollen, anschließend auf ein leicht bemehltes Küchentuch legen. Mit den Händen unter den Teig greifen und Stück um Stück hauchdünn ausziehen.

- Das Marzipan zerbröseln. Mit Ei, Crème fraîche, Joghurt, Quark und Puderzucker verrühren. Auf den Teig streichen.

- Die Trauben waschen, gut abtropfen lassen, mit Küchenpapier trockentupfen. Dann von den Stielen zupfen, halbieren, eventuell noch vorhandene Kerne mit einem spitzen Messer entfernen.

- Die Rosinen einweichen, abtropfen lassen und trockenreiben. Datteln oder Feigen klein hacken. Die Früchte auf der Marzipanmasse verteilen.

- Den Backofen vorheizen.

- Makronen oder anderes Gebäck in grobe Brösel zerteilen und über die Früchte geben.

- Den Strudel mit Hilfe des Tuchs aufrollen, dabei die Ränder nach innen einschlagen, damit die Füllung gut eingeschlossen ist. Vorsichtig mit der „Naht“ nach unten auf das gefettete Backblech, besser noch in eine große, längliche Auflaufform geben.

- Auf der unteren Schiene backen. Mit Puderzucker bestreuen und mit schwach gesüßter Vanillesauce servieren.

- Backzeit: 45 Minuten
  Backhitze: 220 °C

Erfrischender kleiner Himbeerkuchen

Teig:
75 g Mehl, 30 g Zucker,
1 Prise Salz, 50 g Butter
oder Margarine, 1 Eigelb
Belag 1:
250 g frische Himbeeren
(ersatzweise tiefgefrorene),
1 EL Himbeersirup (nur not-
wendig bei frischen
Früchten), 40 g Zucker (nur
notwendig bei Tiefkühl-
Beeren)
Belag 2:
6 Blatt weiße Gelatine,
100 ml Joghurt, 100 ml
Crème fraîche, 100 ml
Sahnequark, 100 g Zucker,
2 EL Zitronensaft,
1 EL Himbeergeist,
150 ml Sahne
Guss:
1EL Zucker,
1 Päckchen klarer
Tortenguss
Backgerät:
kleine Springform (20 cm)
1 TL Margarine zum
Einfetten, 1 TL Semmel-
brösel, 1 TL gemahlene
Mandeln zum Bestreuen der
Form

- Die frischen Himbeeren sorgfältig verlesen, nicht waschen, nur mit einem feuchten Küchentuch vorsichtig abreiben. (Gefrorene Beeren zum Auftauen in ein Sieb legen, mit Zucker bestreuen, den Saft auffangen.) Mehl, Zucker, Salz, Butter und Eigelb zügig miteinander verkneten.

- Die Springform einfetten, Semmelbrösel und Mandeln mischen und den Boden der Form damit bestreuen.

- Den Teig ausrollen, in die Form legen, einen Rand hochziehen und festdrücken. Den Boden mehrmals einstechen und ein Stunde kalt stellen.

- Den Backofen vorheizen und den Teigboden backen. Abkühlen lassen.

- Inzwischen die Gelatine in 3 EL Wasser einweichen lassen. Joghurt, Crème fraîche und Quark mit Zucker, Zitronensaft und Himbeergeist gut verrühren. 1 TL Himbeersirup mit 2 EL Wasser verdünnen und erhitzen (bzw. 3 EL Himbeersaft nehmen). Die ausgedrückte Gelatine in dem heißen Himbeersaft auflösen. Etwas abkühlen lassen und in die Joghurt-Quarkmasse geben. Kalt stellen.

- Wenn die Joghurt-Quarkmasse dicklich wird, die Sahne steif schlagen und vorsichtig unterziehen. Den Boden auf eine Tortenplatte setzen.

- Den Springformrand wieder um den Kuchen stellen. Die Quarkmasse auf den Boden streichen und kalt stellen. Wenn die Masse fest ist, frische oder gut abgetropfte und mit Küchenpapier etwas trockengetupfte Tiefkühl-Beeren einzeln auf die Creme setzen. Den aufgefangenen Beerensaft oder den Himbeersirup mit Wasser auf 1/4 l Flüssigkeit auffüllen, eventuell etwas nachsüßen.

- Tortengusspulver mit etwas Himbeersaft anrühren. Die restliche Flüssigkeit zum Kochen bringen, den Tortenguss einrühren, erneut aufkochen, etwas abkühlen lassen und dann über die Früchte gießen. Kalt stellen.

- Backzeit: 20 Minuten
  Backhitze: 200 °C

200

Süße Lasagne „Venezia“

Teig:
9 Lasagneblätter,
1 Msp. Butter, 1 Dose
Fruchtcocktail, 1 Banane,
1 Kiwi, 80 g Butter oder
Margarine, 80 g Zucker,
4 Eigelb, 250 g Magerquark,
250 g Mascarpone,
1 Päckchen Puddingpulver
Mandelgeschmack,
50 g Grieß, Kokosraspel
von einer halben frischen
Kokosnuß, ersatzweise
100 g Kokosflocken

Backgerät:
hohe, längliche
Auflaufform,
1 TL Margarine zum
Einfetten

- Den Backofen vorheizen.

- Die Lasagneblätter in kochendem Wasser 5 Minuten garen. 1 Msp. Butter hinzufügen, damit die Blätter nicht aneinander kleben. Mit kaltem Wasser abspülen und auf ein feuchtes Küchentuch legen.

- Früchte gut abtropfen lassen, dabei den Saft auffangen. Banane und Kiwi schälen, in Scheiben schneiden und untermischen.

- Inzwischen Butter und Zucker schaumig rühren. Die Eigelbe und den Quark nach und nach unterrühren. Puddingpulver mit 2 EL des Fruchtsaftes und dem Grieß verrühren. In die Quarkmasse geben.

- Die Kokoshälfte einige Minuten in den Backofen legen. Danach lässt sich das Fruchtfleisch leichter von der Schale trennen. Die braune Haut mit einem Kartoffelschäler abschneiden. Im Mixer zerkleinern. Die Hälfte der Kokosraspeln in die Quarkmasse geben.

- Den Boden der gefetteten Auflaufform mit Quark bestreichen. Dann abwechselnd Lasagneblätter, Fruchtcocktail und Quarkmasse einfüllen. Die oberste Schicht sollte Quarkmasse sein. Als letztes die restlichen Kokosraspeln darüber streuen. Backen.

- Backzeit: 40 Minuten
  Backhitze: 175°C

Englische Aprikosen-Schoko-Leckerei

Teig:
250 g Löffelbiskuits,
1/2 Tafel Milchschokolade
1. Füllung:
1 kg Aprikosen,
1 Tasse Aprikosengeist
2. Füllung:
5 Blatt weiße Gelatine,
Saft von 4 Zitronen,
200 g Zucker, 100 ml saure
Sahne, 75 g Sahnequark,
125 ml Schlagsahne
Küchengerät:
1 Schüssel,
1 Glasschüssel

- Die Biskuits grob zerkleinern. Die Schokolade reiben und mit den Biskuits vermischen. Die Hälfte des Brösel-Gemischs in eine Glasschüssel füllen.

- Die Aprikosen waschen, halbieren, entsteinen und würfeln. Mit der Hälfte des Zitronensafts und des Zuckers kurz aufkochen. Abkühlen lassen.

- Den Aprikosengeist darüber gießen.

- Die Hälfte der Aprikosen auf die Biskuitbrösel geben.

- Die in kaltem Wasser eingeweichte und ausgedrückte Gelatine mit dem restlichen Zitronensaft und der zweiten Hälfte des Zuckers aufkochen und unter Rühren auflösen. In ein Rührgefäß umgießen und abkühlen lassen.

- Sauerrahm und Quark mischen, beides unter das Zitronengelee ziehen. Kalt stellen. Kurz bevor die Masse fest zu werden beginnt, die Schlagsahne leicht zuckern und steif schlagen, eine Tasse davon abnehmen und beiseite stellen. Den Rest unter das Sauerrahm-Quark-Gemisch ziehen.

- Den Zitronenquark auf den Aprikosen verteilen. Restliche Brösel darüber schichten und wieder mit einer Schicht Aprikosen bedecken. Zugedeckt 3 Stunden kalt stellen.

- Vor dem Servieren mit der aufbewahrten steif geschlagenen Sahne die „Leckerei“ garnieren.

- Kühlzeit: 3 Stunden

Frischer Aprikosenkuchen

Teig:
150 g Mehl, 1 Msp.
Backpulver, 1 Prise Salz,
50 g Butter oder Margarine,
1 EL Zucker, 1 Eigelb
1 EL Sahnequark,
Belag:
50 g Mehl, 50 g Zucker,
3 EL Sahnequark, 1 Eigelb,
1 EL Sahnejoghurt, 1 EL
Crème fraîche, (ersatzweise
3 EL Quark oder Joghurt),
750 g frische Aprikosen
Backgerät:
flache Auflaufform
1 TL Margarine zum
Einfetten

- Mehl, Backpulver, Salz mischen und mit Butter, Zucker, Quark, Eigelb zügig verkneten. Eine gut gefettete Auflaufform mit dem Teig belegen, eine kleinen Rand hochziehen und leicht andrücken.

- Für den Belag das Mehl mit Zucker, Quark, Joghurt, Crème fraîche und Eigelb verrühren. Diese cremige Masse auf den Teigboden streichen.

- Die Aprikosen waschen, abtrocknen, halbieren und entsteinen. Anschließend mit der Wölbung nach oben in den Belag setzen, dabei leicht andrücken und backen.

- Dieser Kuchen schmeckt kalt und warm gleich gut.

- Backzeit:40 Minuten
  Backhitze: 200 °C

Zupfkuchen

Teig:
300 g Mehl, 40 g Kakao
75 g Zucker, 2 Eigelb
1/2 Päckchen Backpulver
200 g Margarine,
Belag:
200 ml Milch, 500 g Quark
1/2 Päckchen Puddingpulver,
100 g Schmand, 3 Eier,
125 g Zucker, 100 g Butter
2 EL Zitronensaft
Backgerät:
Springform

- Aus den Teigzutaten mit zerlassener Margarine einen Streuselteig kneten. Die Hälfte des Teigs in eine Springform zupfen, so dass der Boden bedeckt ist.

- Aus Milch und Puddingpulver einen Pudding kochen.

- Schmand unterrühren. Eier, Zucker und weiche Butter kurz verschlagen. Quark, Zitronensaft und abgekühlten Pudding unterschlagen.

- Quarkmasse auf die Sreusel geben, restlichen Streuselteig auf den Quark-Belag zupfen. Backen.

- Backzeit: 45–60 Minuten
  Backhitze: 180–200 °C

Meißner Quarktorte

ohne Boden

Teig:
250 g Butter, 6 Eier,
300 g Zucker,
1 TL abgeriebene, unbehan-
delte Zitronenschale,
3 EL Zitronensaft,
1 kg trockener Quark,
100 g Grieß,
1 EL Mehl, 1 Päckchen
Backpulver, 1 kräftige Prise
Salz, 125 g Puderzucker
Backgerät:
Springform
Butter für die Form

- 200 g Butter schaumig schlagen. Die Eier trennen. Eigelb, Zucker, Zitronenschale und Zitronensaft zur Butter geben und gut verrühren.
- Den Quark mit Grieß, Mehl und Backpulver vermengen und zur Butter-Eier-Masse geben.
- Eiweiß mit einer Prise Salz zu steifem Schnee schlagen und unter die Teigmasse heben. Eine Springform ausbuttern, den Teig hineingeben.
- Im vorgeheizten Backofen backen.
- Noch heiß mit der restlichen Butter bestreichen und mit Puderzucker besieben.
- Backzeit: 50–60 Minuten
  Backhitze: 180 °C

Nusstorte „Philadelphia“

Teig:
400 g Äpfel, 50 g Zucker,
Saft einer halben Zitrone,
500 g Quark (20 % F. i. Tr.),
125 g Doppelrahm-
Frischkäse, 50 g Weizen-
grieß, 50 g Walnusskerne,
25 g Pistazienkerne,
5 Eigelb, 25 g Pinienkerne,
25 g Mandelbällchen,
Puderzucker zum Bestreuen
Backgerät:
Gugelhupf-Form, 1 EL
Margarine zum Einfetten,
2 EL Semmelbrösel,
4 EL gemahlene Mandeln
zum Bestreuen der Form

- Äpfel schälen, vierteln, entkernen und in kleine Würfel schneiden. Mit Zitronensaft beträufeln.
- Quark mit Frischkäse, Eigelb, Grieß und Zucker verrühren. Apfelwürfel unterziehen.
- Backofen vorheizen. Alle Nüsse grob hacken und in die Quarkmasse rühren.
- Form einfetten. Semmelbrösel und Mandeln mischen. Die Form damit bestreuen. Quark-Apfel-Masse einfüllen, glatt streichen und backen.
- Nach dem Abkühlen mit Puderzucker bestreuen.
- Backzeit: 50 Minuten
  Backhitze: 200 °C

Oster-Quarktorte

Zutaten:
75 g Butter, 6 Eier,
300 g Zucker, 2 Zitronen,
1 kg trockener Quark,
100 g Grieß, 1 EL Mehl,
1 Päckchen Backpulver,
75 g eingeweichte, gut
abgetropfte Rosinen,
6 gestiftelte Mandeln, Salz
Backgerät:
Springform
1 TL Margarine zum
Einfetten

- Butter, Eigelb, Zucker, die Schale einer und den Saft von beiden Zitronen schaumig rühren. Quark durchstreichen, Grieß, Mehl und Backpulver darunter schlagen.
- Den leicht gesalzenen steifen Eischnee unterheben, Rosinen und Mandeln ebenso.
- In ausgefetteter Springform bei Mittelhitze backen.
- Die Torte mit Smarties und Zuckerperlen garnieren.
- Backzeit: 60 Minuten
  Backhitze: 180 °C

Quarkkuchen nach Plauener Art

Teig:
500 g Mehl, 100 g Zucker,
80 g Margarine, Salz,
1 Päckchen Vanillezucker,
1/4 l Milch, 30 g Hefe
Belag:
80 g Margarine, 1 kg Quark,
200 g Zucker, 3 Eier, Salz,
1 Päckchen Puddingpulver
(Vanille), 750 g Heidelbeeren
Backgerät:
Backblech, 1 TL Margarine
zum Einfetten

- Einen Hefeteig bereiten. Dafür das Mehl in eine Schüssel sieben, weiche Margarine, Zucker, Salz, Vanillezucker und die in handwarmer Milch aufgelöste Hefe zugeben.
- Alles zu einem Teig verkneten. Zu einer Kugel formen, zugedeckt in der warmen Küche 45–60 Minuten gehen lassen.
- Auf einem gefettetem Backblech ausrollen und einen Rand andrücken.
- Für den Belag die Margarine mit dem Zucker schaumig rühren. Nach und nach Eier, Quark, Puddingpulver und eine Prise Salz unterrühren.
- Die vorbereiteten Heidelbeeren unter die cremige Masse ziehen und alles auf dem Teig verteilen. Backen.
- Backzeit: ca. 45 Minuten
  Backhitze: 180 °C

Quarktaschen „Alt-Dresden“

(ca. 10 Stück)

Teig:
1 Packung Tiefkühl-
Blätterteig = 10 Scheiben
(450 g), 1 Ei (getrennt)
Füllung:
500 g Speisequark,
100 g Zucker,
1 Päckchen Vanillezucker,
1 Eigelb,
30 g Speisestärke
(1 gehäufter EL),
50 g Rosinen,
abgeriebene Schale einer
unbehandelten Zitrone
Backgerät:
Backblech, Backpapier

- Blätterteigquadrate nach Packungsanweisung auftauen lassen.

- Für die Füllung Quark mit Zucker, Vanillezucker, Eigelb, Speisestärke, gewaschenen, abgetropften Rosinen und Zitronenschale vermischen. Die Ränder der Blätterteigquadrate mit Eiweiß bestreichen.

- 1 EL der Quarkmischung auf jedes Blätterteigquadrat geben und diese über Eck zusammenklappen. Ränder andrücken und mit einem Messer in ca. 1 cm Abstand einschneiden.

- Taschen auf ein mit Backpapier ausgelegtes Backblech geben, mit Eigelb bestreichen und im vorgeheizten Backofen backen.

- Backzeit: 20–25 Minuten
  Backhitze: 200°C

Dresdner Eierschecke

Teig:
500 g Mehl, 1/4 l Milch,
1 Würfel Hefe, 80 g Zucker,
1 TL Salz, 80 g Butter oder
Margarine
Belag:
1,5 kg Quark (20 % F. i.Tr.),
3 Eier, 100 g Zucker
Guss:
8 Eigelb, 125 g Butter oder
Margarine, 125 g Zucker,
1 E L Mehl,
100 g Mandelblättchen,
8 Eiweiß
Variante für Süßmäuler:
Teig wie oben
Belag:
1 kg Quark (20 % F. i. Tr.),
2 Eier, 125 g Zucker,
80 g Rosinen
Guss:
300 g Butter, 300 g Zucker,
abgeriebene Schale einer
halben, ungespritzten
Zitrone, 1 EL Mehl, 6 Eier,
100 g Mandelblättchen
Backgerät:
Backblech, 1 TL Margarine
zum Einfetten

● Das Mehl in eine Schüssel geben, in die Mitte eine Vertiefung drücken. Hefe mit der lauwarmen Milch und 1 EL Zucker verrühren und in die Vertiefung gießen. Etwas Mehl vom Rand darüber stäuben. Schüssel mit einem Küchentuch zudecken und an einem warmen Ort etwa 20 Minuten gehen lassen.

● Jetzt den restlichen Zucker und das Salz zugeben. Kneten.

● Die weiche Butter oder Margarine hinzufügen und alles gut durchkneten. Nochmals mit dem Tuch abdecken und an einem warmen Ort 1 Stunde gehen lassen. Danach erneut kräftig durchkneten. Der Teig muss sich von der Schüssel lösen und Blasen schlagen. Bei der Verwendung von Trockenhefe genau nach Anleitung verfahren.

● Den Teig ausrollen und das gefettete Backblech damit belegen; den Rand etwas hochziehen und nochmals gehen lassen.

● Backofen vorheizen.

● Quark mit Eiern und Zucker schaumig rühren und gleichmäßig auf dem Teig verstreichen. (Bei der „Süßmaul"-Variante anschließend den Quarkteig mit den gewaschenen und abgetrockneten Rosinen bestreuen).

● Eigelb mit Zucker, Butter oder Margarine und Mehl schaumig rühren. Mandelblättchen hinzufügen und rühren.

● Eiweiß steif schlagen und vorsichtig unterheben. Diese Eiermasse auf dem Quark bestreichen. (Für die Leckermäuler: Butter mit Zucker und Zitronenschale schaumig rühren. Mehl darüber stäuben, dann nach und nach die Eier unterrühren. Diese Mischung auf dem Quark verstreichen. Mit den Mandelblättchen bestreuen).

● Backzeit: 50–60 Minuten
Backhitze: 175 °C
(Variante: Backzeit: 25–30 Minuten, Backhitze: 220 °C)

Quark-Obst-Kuchen

Teig:
250 g Mehl, 1 Ei,
125 g Margarine,
65 g Zucker, Salz,
500 g Quark,
1 Päckchen Vanillezucker
oder 1/2 TL abgeriebene
Zitronenschale

Belag:
150 g Butter,
200 g Zucker,
2 Päckchen Vanillezucker,
4 Eier, 750 g Quark,
125 g Weizenstärke,
600 g frisches oder gedünstetes gut abgetropftes Obst
(z.B. Sauerkirschen),
20 g Butter, Puderzucker
zum Bestäuben

- Alle Teigzutaten rasch, aber sehr gründlich untereinander kneten und den Teig sofort für mindestens 30 Minuten kalt gestellt ruhen lassen.

- Nun den Teig in eine Springform oder auf ein Backblech geben und bei 200 °C für etwa 20 bis 30 Minuten vorbacken.

- Inzwischen die weiche Butter mit Zucker, Vanillezucker und Eigelb schaumig rühren.

- Quark und Weizenstärke untermischen, die abgetropften Kirschen zugeben und die Quark-Obst-Masse gleichmäßig auf dem vorgebackenen Boden verteilen.

- Auf der unteren Schiene im Backofen fertig backen.

- Noch warm mit der zerlassenen Butter beträufeln und mit Puderzucker besieben.

- Backzeit: 20–30 Minuten vorbacken:
  70 Minuten fertig backen
  Backhitze: 200 °C

Quarktaschen fruchtig oder pikant

Quark-Öl-Teig:
200 g Magerquark,
1 Ei, 100 g Zucker,
1 Päckchen Vanillezucker,
8 EL Speiseöl,
8 EL Milch, 1 Prise Salz,
400 g Weizenmehl,
1 Päckchen Backpulver,
evtl. Puderzucker zum
Bestreuen
Vorschläge für eine
süße Füllung:
Marmelade, Konfitüre
Apfelwürfel oder -raspel,
pur oder mit Zimt,
Pflaumenmus, Rosinen und
geriebenen Mandeln oder
andere Früchte
Vorschläge für eine
pikante Füllung:
Gehacktes, Käse-, Wurst-
oder Bratenreste, auch Fisch
oder Pilze

● Den Quark, die Eier, den Zucker, Vanillezucker, Öl, Milch und Salz verrühren.

● Das Mehl gut mit dem Backpulver vermischen, dann sieben.

● Die Hälfte davon esslöffelweise in die Rührmasse geben. Dann erst das restliche Mehl unterkneten.

● Den fertigen Teig auf einer bemehlten Arbeitsfläche ausrollen und in 10 bis 15 cm große Quadrate schneiden oder ausrädeln.

● Die süße oder pikante Füllung in die Mitte geben und die Taschen beliebig formen: die vier Ecken zur Mitte schlagen oder die Teile zum Dreieck falten oder daraus Hörnchen biegen. Backen.

● Die süß gefüllten Quarktaschen nach dem Backen mit Puderzucker bestreuen oder mit Zuckerguss (150 g Puderzucker mit 3 EL heißes Wasser oder Milch verrühren) versehen.

● Backzeit: ca. 30 Minuten
Backhitze: 180–200 °C

Tipp:

Wichtig ist, dass die Teigzutaten schnell verknetet werden, weil der Teig sonst bald wieder klebt. Deshalb empfiehlt es sich, die Füllung vorher vorzubereiten, damit der Teig schnell in den Herd kommt.

KÖNIGLICH
KOOPMANS

Philadelphia-Pflaumentorte

Für den Boden:
150 g Schoko-Biskuitzungen, 100 g Butter
Für die Füllung:
etwa 300 g Pflaumenhälften (aus dem Glas), 4 Blatt weiße Gelatine, 600 g Philadelphia (Doppelrahm-Frischkäse), 500 g Joghurt, 3 EL Zitronensaft, 75 g Zucker, 150 ml Pflaumensaft
Für den Belag:
2 Eierpflaumen oder Pflaumen aus dem Glas, 1/2 Packung Tortenguss, klar, 125 ml Pflaumensaft

● Für den Boden die Schoko-Biskuitzungen in einen Gefrierbeutel geben, den Beutel verschließen, die Biskuitzungen mit einer Teigrolle zerdrücken und in eine Schüssel geben.

● Butter zerlassen, zu den Gebäckbröseln geben und gut verrühren. Die Masse in einer Springform (Durchmesser 26 cm, Boden gefettet, Boden und Rand mit Backpapier ausgelegt) verteilen und gut andrücken.

● Für die Füllung Pflaumen auf einem Sieb abtropfen lassen, dabei den Saft auffangen und 125 ml davon abmessen (evtl. mit Wasser auffüllen). Gelatine nach Packungsaufschrift einweichen.

● Frischkäse mit Joghurt, Zitronensaft und Zucker verrühren. Gelatine ausdrücken, auflösen, mit 150 ml von dem Pflaumensaft verrühren und unter die Frischkäse-Joghurt-Masse rühren.

● Die Hälfte der Masse auf den Boden geben und glatt streichen. Die abgetropften Pflaumen darauf verteilen, die restliche Masse darüber geben und glatt streichen. Die Torte etwa 3 Stunden im Kühlschrank fest werden lassen. Die Torte dann aus der Form lösen.

● Für den Belag Pflaumen waschen, abtrocknen, entsteinen und in Spalten schneiden. Die Torte mit den Pflaumenspalten garnieren. Aus Tortenguss und Pflaumensaft nach Packungsaufschrift einen Guss zubereiten und auf die Pflaumenspalten geben.

● Zubereitungszeit:
ca. 25 Minuten
Kühlzeit: ca. 3 Stunden

Sächsischer Kleckselkuchen

Teig:
500 g Mehl, 30 g Hefe
100 g Zucker, 1/4 l Milch,
1 Prise Salz, 50 g Butter,
Butter für das Backblech
Quarkmasse:
500 g Quark, 3 Eigelb,
50 g Butter, 125 g Zucker,
5 EL Rosinen, 2 EL Milch,
1 EL Stärkemehl,
2 EL Zitronensaft
Mohnmasse:
50 g Butter, 125 ml Milch,
200 g gemahlener Mohn,
3 EL geriebene Semmel,
150 g Zucker,
1 Msp. Zimt
Streusel:
je 100 g Mehl, Zucker
und Butter
Außerdem:
3 Äpfel, 2 EL Zitronensaft,
Butter, Puderzucker
Backgerät:
Backblech, 1 TL Butter
zum Einfetten

- Das Mehl in eine Schüssel sieben und in die Mitte eine Vertiefung drücken. Die Hefe mit einem TL Zucker in etwas lauwarmer Milch verrühren und in die Mulde geben. Etwas Mehl darüber stäuben. Den restlichen Zucker, Salz und Butterflöckchen auf dem Mehlrand verteilen. Zugedeckt 30 Minuten gehen lassen.

- Von der Mitte aus alle Zutaten miteinander verrühren, die restliche Milch zugeben. Den Teig so lange kneten, bis er Blasen wirft. Darauf achten, dass der Teig weich bleibt. Sollte er kleben, noch etwas Mehl zufügen. Dann den Teig an einem warmen Ort 1 Stunde gehen lassen.

- Inzwischen die Quarkmasse bereiten. Den Quark durch ein Sieb streichen. Eigelb, Butter und Zucker schaumig schlagen, die Milch und löffelweise den Quark unterrühren. Stärkemehl und Zitronensaft zufügen.

- Rosinen mit heißem Wasser überbrühen, abtropfen lassen und ebenfalls unterrühren. Alles so lange schlagen, bis die Masse cremig ist.

- Für die Mohnmasse die Butter zerlassen, den Mohn hineingeben und die Milch angießen. Alles gut vermengen, unter Rühren zum Kochen bringen und 5 Minuten köcheln lassen, dabei weiter rühren. Semmelmehl, Zucker und Zimt dazugeben, nochmals aufkochen lassen. Mehrmals umrühren, damit sich keine Haut bildet.

- Den Teig zusammenstoßen, gut durchkneten und ausrollen. Das Backblech buttern, den Teig darauf geben, mehrmals mit einer Gabel einstechen. Einen Teigrand andrücken.

- Mit einem Esslöffel abwechselnd Quark- und Mohnmasse „aufklecksen".

- Äpfel schälen, erst in Viertel, dann in Spalten schneiden, dabei das Kernhaus entfernen. Die Apfelspalten mit Zitronensaft beträufeln und zwischen den Mohn- und Quarkklecksen anordnen.

- Für die Streusel das Mehl in eine Schüssel sieben und mit dem Zucker vermischen. Die Butter in kleinen Flöckchen dazugeben. Die Zutaten zu Streusel vermengen und auf dem Kuchen verteilen.

- Im vorgeheizten Backofen backen. Butterflöckchen aufsetzen und mit Puderzucker übersieben.

- Backzeit: 45 Minuten
  Backhitze: 200 °C

Was ist was?

Ein kleines Lexikon rund um Milch, Käse, Quark und Sahne

Crème fraîche wird aus dickflüssigem Rahm hergestellt, der sich nach und nach auf der frischen Kuhmilch absetzt. Ihr Fettgehalt beträgt meist 30%. Manche Produzenten setzen ihr auch anteilig Sauerrahm oder Dickungsmittel zu. Sie rundet den Geschmack vieler Speisen ab und ist auch in der Patisserie als lockere, geschmeidige Zutat für Cremes begehrt.

Doppelrahm ist dicke Sahne und enthält mindestens 40% Fett.

Doppelrahm-Frischkäse entsteht aus Milch und Sahne mit einem geringen Labzusatz. Das fertige Erzeugnis enthält lebende Milchsäurebakterien. Der frische, reine und leicht säuerliche Geschmack erlaubt auch die Kombination mit süßen Früchten.

Frischkäse werden all die Käse genannt, die je nach Fettgehalt aus Milch, Sahne, entrahmter Milch, Buttermilch, Schafsmilch oder aus Gemischen dieser Flüssigkeiten hergestellt werden. Frischkäse sind stets zum sofortigen Verzehr bestimmt. Sie eignen sich auch für die Bäckerei.

Frischkäsezubereitungen sind Molkereiprodukte, denen bis zu 15% andere Lebensmittel – vor allem Früchte, Fruchterzeugnisse und Bindemittel – beigefügt wurden.

Joghurt entstand ursprünglich in den Balkanländern und wurde aus Ziegen- oder Schafsmilch erzeugt. Heute wird er in den Molkereien aus Kuhmilch hergestellt; ihr werden dabei besondere Joghurtbakterien zugesetzt. Den guten Ruf als besonders qualitätvolle Diätnahrung erwarb sich der Joghurt durch den Gehalt an gesundheitsfördernden Bakterien der Gruppen Thermobakterium bulgaricum und Streptococcus thermophilus. Dabei unterstützen diese Bakterien nicht nur wohltuend den menschlichen Stoffwechsel, sondern vernichten schädliche Koli- und Fäulnisbakterien im Darmbereich. Joghurt wird sowohl „stichfest“ als auch „flüssig“ angeboten. Im zweiten Fall heißt er „Trinkjoghurt“.
Im Handel sind:

- „Joghurt aus entrahmter Milch“ oder „Magermilchjoghurt“ mit höchstens 0,3% Fett
- „fettarmer Joghurt“ mit mindestens 1,5% und maximal 1,8% Fett
- Joghurt mit mindestens 3,5% Fett
- „Sahnejoghurt“ oder „Rahmjoghurt“ mit mindestens 10% Fett

Wärmebehandelter Joghurt ist länger haltbar.

Kefir wurde ursprünglich in der Mongolei und in Rußland aus Stutenmilch, in Westeuropa aus Kuhmilch durch gleichzeitige alkoholische und milchsaure Gärung gewonnen. Er ist ein schäumendes, kohlensäuriges Milchgetränk; Geschmack und Geruch sind säuerlich. Kefir enthält etwa 0,2–0,8% Alkohol und wird in der Bundesrepublik aus pasteurisierter Vollmilch durch Vergären mit Kefirpilzen hergestellt. Im Handel werden angeboten:

- „Magermilchkefir“ mit höchstens 0,3 % Fettgehalt
- „Fettarmer Kefir“ mit 1,5 % bis maximal 1,8 % Fettgehalt
- „Kefir“ mit mindestens 3,5 % Fettgehalt
- „Sahnekefir“ oder „Rahmkefir“ mit mindestens 10 % Fettgehalt

Rahm oder Sahne wird in frischem, also süßem Zustand auch als Süßrahm, Schmand oder Obers bezeichnet. Diese Sahne entsteht durch teilweisen Entzug der Magermilch. Dabei steigen Fettgehalt und spezifisches Gewicht. Der Fettgehalt basiert dabei ausschließlich auf dem natürlichen Milchfett. Der Handel bietet Sahne je nach ihrem Fettgehalt unter

verschiedenen Bezeichnungen an:
- Kaffeesahne mit einem Fettgehalt von 10 %,
- Schlagsahne mit einem Fettgehalt von mindestens 30 %.

Rahmfrischkäse wird aus Vollmilch mit Rahmzusatz hergestellt und enthält mindestens 50 % F. i. Tr.

Sauermilch entsteht aus Milch oder Sahne durch Säuerung. In den Molkereien werden dafür Milchsäurebakterien zugesetzt. Man unterscheidet:
- „Sauermilch entrahmt" oder „Trinksauermilch entrahmt" oder „Magermilch sauer" mit höchstens 0,3 % Fettgehalt
- „Sauermilch entrahmt dick gelegt" oder „Dickmilch entrahmt" oder „Dickmagermilch" oder „Setzmilch entrahmt" oder „Setzmagermilch" mit höchstens 0,3 % Fettgehalt
- „Fettarme Sauermilch" oder „fettarme Trinksauermilch" mit mindestens 1,5 % und maximal 1,8 % Fettgehalt
- „Fettarme Dickmilch" oder „fettarme Sauermilch dick angelegt" mit mindestens 1,5 % und maximal 1,8 % Fettgehalt
- „Sauermilch" oder „Trinksauermilch" mit mindestens 3,5 % Fettgehalt
- „Sauermilch dickgelegt" oder „Dickmilch" mit mindestens 3,5 % Fettgehalt
- „Sahnesauermilch" oder „Rahmsauermilch" oder „saure Sahne" oder „Sauerrahm" mit mindestens 10 % Fettgehalt
- „Sahnedickmilch" oder „Sahnesetzmilch" oder „Rahmdickmilch" oder „Rahmsetzmilch" mit mindestens 10 % Fettgehalt

Speisequark ist der bekannteste Frischkäse. Er entsteht entweder durch natürliche Milchsäurebildung oder durch Labzusatz aus Buttermilch, Vollmilch mit oder ohne Rahmzusatz. Manchmal wird der Rahm auch erst dem fertigen Speisequark zugesetzt. Im Handel erhältlich sind:
- Speisequark mit weniger als 10 % Fett in der Trockenmasse (F. i. Tr.), auch Magerquark genannt,
- Speisequark mit Sahnezusatz, der 20 % F. i. Tr. enthält,
  Speisequark mit Sahnezusatz, der 40 % F. i. Tr. bietet, auch als Sahnequark bezeichnet,
- Buttermilch-Speisequark, der nur aus Buttermilch hergestellt wird und 10 % F. i. Tr. enthält.

(Alle Angaben beruhen auf dem „Großen Lebensmittellexikon", Innsbruck, Frankfurt am Main, 1985.)

Tricks und Tipps

Vieles geht leichter, wenn man eine Küchenmaschine oder ein elektrisches Handmixgerät besitzt. Gerade das Steifschlagen von Eiweiß und Sahne gelingt von Hand nie so gut wie mit dem Mixer.
Kuchen, die nach dem Backen noch belegt oder anderswie bearbeitet werden, bäckt man am besten in einer Springform (aus Weiß- oder Schwarzblech, Aluminium).
Der Rand der Springform kann auch beim Füllen einer Torte benutzt werden. Er wird um den gebackenen Teigboden gestellt, bevor Creme, Obstfüllung oder Tortenguss aufgetragen werden. In dem Rand verliert die Torte nicht an Form. Es gibt aber auch spezielle Tortenringe, mit deren Hilfe man verschieden große Böden belegen kann.
Kuchen, die gleich nach dem Backen serviert werden sollen, gelingen gut in feuerfesten Auflaufformen (Steingut, Porzellan, Glas etc.). Diese Formen sind auch ideal, wenn ein Kuchen später nochmal kurz aufgebacken oder warm gemacht werden soll.
Die meisten Mürbeteige kann man mit den Fingern in die Form drücken. Bei größeren Mengen und für Strudelteig braucht man ein Nudel- oder Wellholz, die es aus Holz, Porzellan oder sogar beschichtet gibt, so dass nichts mehr kleben bleibt.
Zur Verzierung der Kuchen nimmt man entweder eine Tortenspritze oder einen Spritzbeutel mit verschiedenen Einsätzen.
Bei Quark und speziell bei Magerquark darauf achten, dass die Flüssigkeit, die sich auf dem Quark angesammelt hat, immer abgegossen wird. Eventuell kann man sie mit verwerten, dann muss aber die Menge von anderen Milchprodukten oder Flüssigkeiten abgezogen werden, sonst wird die Füllung zu feucht.
Wer sich das Einfetten der Formen ersparen möchte, kann Backpapier oder Alufolie benutzen. Ansonsten geht das Einfetten mit einem Backpinsel schneller.
Zum Abkühlen des Kuchens oder der Torte nimmt man ein Kuchengitter, bei dem überall genügend Luft an das Gebäck kommt. Zum Umsetzen nimmt man einen Tortenheber aus Kunststoff oder Metall.
Auf das Vorheizen des Herdes kann vor allem bei Biskuitteigen nicht verzichtet werden. Rechnen Sie mit mindestens 10 Minuten Vorheizzeit. Bei allen anderen Teigarten kann man notfalls auch ohne Vorheizen backen. Die Backzeit verlängert sich dadurch ein wenig. Ob ein Kuchen gar ist, ergibt die Probe mit einem Holzstäbchen, das man in den Teig sticht. Wenn kein Teig mehr daran klebt, ist der Kuchen fertig.
Vergleich der Backtemperaturen in verschiedenen Herdarten:

Elektrische Backöfen;	Heißluft-Öfen;	Gas-Öfen;
160–180 °C	140–160 °C	1–2
180–200 °C	160–180 °C	2–3
200–220 °C	180–200 °C	3–4
220–250 °C	200–230 °C	4–5

Rezeptverzeichnis